JN107405

FC MITO
HollyHock
IBARAKI

世界で最もヒトが育つクラブへ

水戸ホーリーホックの挑戦

水戸ホーリーホック取締役GM
西村卓朗

まえがき

「夢に向かって」

「育成の水戸」

ここ数年、水戸ホーリーホックはそう言われることが多くなりました。

J2リーグの中で低予算のクラブ運営を続けながらも、若い選手を育てつつ、毎年中位以上の成績を残していることがその理由だと考えています。

たとえば、前田大然選手（セルティックFC）は高卒2年目の2017年に松本山雅FCから期限付きで水戸に加入して、36試合に出場して13得点という結果を残し、大きな注目を集めました。その後、年代別の日本代表に選出されるようになり、2021年には東京オリンピックの日本代表メンバーに選出され、昨年はFIFAワールドカップカタール2022に出場し、クロアチア戦でゴールを決める活躍を見せました。

直近5年間では、伊藤槙人選手（ジュビロ磐田）、浅野雄也（北海道コンサドーレ札幌）、志知孝明選手（サンフレッチェ広島）、住吉ジェラニレショーン選手（サンフレッチェ広島）、柳澤亘選手（ガンバ大阪）、平野佑一選手（浦和レッズ）、牲川歩見（浦和レッズ）、松崎快選手（浦和レッズ）、平塚悠知選手（アビスパ福岡）、木下康介（京都サンガF.C.）といった選手が水戸での活躍を評価されて、J1クラブへと移籍していきました。

また、小川航基選手（横浜FC）や伊藤涼太郎選手（アルビレックス新潟）、藤尾翔太選手（セレッソ大阪）ら高校時代から年代別日本代表に選出され、将来を嘱望されてきた選手たちが水戸に加入して結果を残して、評価を高めていきました。

そうした選手たちの活躍により、「育成の水戸」というイメージを多くの人が持つようになったんだと思います。

それはこれまで水戸を指導してきた監督やコーチが真摯に選手たちと向き合って活躍させる伝統を築いてきたおかげだと思っていますし、若い選手を獲得して積極的に起用するクラブの風土も関係していると思っています。その上で、私が2016年に水戸の強化部長に就任してから、意図して取り組んできたことの成果が出はじめていると捉えています。

「選ばれるクラブ」

そのブランディング作りに、私は力を入れてきました。

なぜ、「選ばれるクラブ」にならないといけないか。その答えは水戸ホーリーホックの歴史にあります。

水戸ホーリーホックは1994年に「水戸市にJリーグチームを」という声のもと誕生したFC水戸を前身としています。茨城県4部リーグからスタートしたFC水戸は1996

年に関東社会人1部リーグで優勝して翌年のJFL参入が決定していたプリマハム土浦FCと合併し、1997年2月に「FC水戸ホーリーホック」が設立されました。1997年からJFLに参入し、1999年にJ2参入を決めたのです。2000年から24年にわたり、水戸はJ2の舞台で戦い続けています。

水戸ホーリーホックの歴史は「お金」との戦いと言っても過言ではありません。水戸は責任企業やオーナーを持たない市民クラブとして設立され、歩みを進めてきました。しかし、設立当初から設立メンバーの1人であり、初代社長の石山徹氏(故人)の個人的な経済負担が大きく、私財を投じながらの経営が続いていたそうです。そして、J2参入2年目の2001年11月に経営危機が発覚し、クラブ消滅の危機が訪れたのです。かろうじてクラブは存続することができたものの、その後も経営的に苦しい状況が続き、常にJ2リーグで最下位レベルの資金力での運営を余儀なくされてきました。チームも下位を低迷するシーズンが続きました。

2011年1月には、2010年にスポーツ振興投票対象試合安定開催特別会計から3000万円を借り入れていたこと、その返済期日が2011年1月末に迫っているが返済が困難なことから公式試合安定開催基金の借入申請を行ったことを発表し、またしても存続の危機を迎えました。その後に東日本大震災が起こり、苦境に追い打ちをかけました。

しかし、茨城県出身の元日本代表FW鈴木隆行氏が被災地支援のために無報酬契約で加入してスポンサーが増えたことや、増資や有志からの募金などによって、借入金を完済し、存続の危機を脱したのです。

水戸の歴史はそういったことの連続であり、現在クラブが存在していること自体が奇跡と言っても過言ではないのです。クラブを立ち上げた方々、そして、存続させるために尽力してきた方々に心の底から感謝しています。

2016年に強化部長に就任し、私が考えたことは「維持」から「上昇」へ、フェーズを変えることでした。

とはいえ、資金力が一気に上がることはありません。責任企業を持たない市民クラブとして地域に密着した形で存在することがクラブ設立時の理念でありますし、これまでクラブを支えてきた方々が大切にしてきたことです。だからこそ、水戸は市民クラブとして発展していくことに意義があると考えています。

その理念のもと、クラブを「上昇」させていくためにも、クラブに価値を作り出さないといけないと考えました。そして、その価値を高めることによって、クラブ力を高め、資金力を高めていく。その循環を生み出すことこそ、水戸が「上昇」していく唯一の道だと思ったんです。

そこで力を入れようと決めたのが、「育成」でした。それまでの水戸はどちらかというと、他のチームに行けなかった選手が来ることが多く、水戸に来ることは「都落ち」のイメージがありました。そのイメージを変える必要がありました。だからこそ、偶然ではなく、必然的に選手が成長するための仕組みを作り出し、若くて有望な選手が水戸に集まるような風土を作ろうと思ったのです。選手を獲得する際、マネーゲームでは資金力のあるクラブには勝てません。クラブとしての取り組みや仕組みを理解してもらい、選手に選んでもらえる流れを作り出そうと思ったんです。

また、水戸の町の歴史を振り返ると、「人材育成」は切っても切り離せません。江戸時代、水戸藩は当時日本最大の藩校・弘道館を作り、教育に力を入れていました。国家的視野を持った様々な人材を輩出し、その教えを請いに全国から水戸に人が集まるようになったのです。

そうした歴史を持つ町の風土に合った取り組みを行って、クラブの価値を高めていくことが地域活性や地域創生につながっていくと考えています。

水戸の強化部長に就任して7年目。「育成」というコンセプトのもと、チームは着実に前進しています。2019年にはリーグ最終戦までJ1昇格争いを繰り広げて過去最高の7

位という成績をおさめ、その後も下位に沈むことなく、中位に位置することができています。資金力の高いチームでもJ3降格や下位に低迷することがある過酷なJ2リーグの戦いの中で一定の成果を出していると言えるでしょう。

また、資金力も高まっており、クラブの事業収入は2018年と比べて約1.5倍に増え、2023年度はクラブ史上初の10億円を超える事業収入を記録することができました。J2リーグ平均の約16億円にはまだ遠く及びませんが、それでも着実にクラブとして発展していることは間違いありません。まだまだ道半ばではありますが、さらなる高みへ、そして、夢に向かって、水戸ホーリーホックは突き進んでいきます。

本書では、これまでクラブを支えてきてくれた方々に感謝しつつ、強化部長就任以降、私が取り組んできたことについて記させていただきたいと思っています。水戸ホーリーホックを愛する方々に、クラブの取り組みに対する理解を深めていただきたいと思いますし、サッカー界やスポーツ界はもちろんのこと、それ以外の分野の方の組織作りの参考になることができればと考え、記させていただきました。

構成：佐藤拓也
写真：ムツ・カワモリ／アフロ
AP／アフロ
写真提供：株式会社フットボールクラブ 水戸ホーリーホック
佐藤拓也
装幀・本文組版：布村英明
編集：柴田洋史（竹書房）
制作協力：株式会社フットボールクラブ 水戸ホーリーホック

第1章

水戸の地にたどり着くまで

サッカーの世界で生きていく覚悟を決めた浪人時代

チームの話をする前に、まず、私のことについて触れさせてもらいたいと思います。

私は決して順風満帆な選手生活を送ったわけでもなく、若い時から注目されてプロになった選手ではありませんでした。

新宿区にあるスポーツクラブシクスで10歳からサッカーをはじめたのですが、三菱養和サッカークラブに在籍していた14歳の時にU－14日本代表に選ばれたことがありました。その時、自分の可能性をものすごく感じたんです。しかし、その代表の中で私は一番小さく、その後も身体的な成長が遅かったこともあり、高校を卒業する時にはプロになるどころか、大学に行くこともできませんでした。U－14日本代表のチームメイトはみんなプロや大学に行っているのに、自分は行くことができなかった。そこで初めて大きな挫折を味わいました。

浪人時代、私は、『自分はどんな人間なのか』『サッカーの世界で生きていくためには何をしないといけないのか』についてすごく考えるようになったんです。そしていつしか、大好きなサッカーの世界で生きたいと自分の中で覚悟を決めました。だからこそ、一浪の末、国士館大学に受かった時には後悔のないぐらい、自分のやれることは何でもやっていこうと決めたんです。結果的にそれが自分を革新していくことにつながるのですが、一度大好きなサッカーを失った経験が今の私の強みになっていることは間違いありません。

大学時代、トライできることは何でもトライしましたし、『良い』と聞いたものはどんどん取り入れました。たとえば、大学2年生暮れからオフの期間2ヶ月間を使って、体重を一気に5kg増やして肉体改善に着手したことがありました。また3年生の年末から初動負荷理論というものが『良い』という話を聞いた際には一人で鳥取県まで行って、初動負荷のトレーニングを受けたことがありました。しかし、大学4年間を通して、大学選抜に選ばれることはありませんでしたし、3年生の時に日本一を経験はしたものの、最終学年の4年生の時を含めて、常時レギュラーだったわけではありませんでした。

浪人時代に「サッカーの世界で生きる」と決断したものの、大学4年の夏になっても、Jリーグクラブからオファーが届くことはありませんでした。このままではプロになれないと思い、監督に「Jリーグのチームに練習参加がしたい」と直談判したところ、「受け入れてくれるチームがあるならいい」という返答を受けました。

早速、私は中学と高校で所属していた三菱養和時代にお世話になった指導者に相談させてもらいました。そこで浦和レッズを紹介していただき、9月上旬に行われた練習試合に参加することになったんです。45分だけの出場でしたが、その時すごく調子がよかったんです。それで練習試合が終わって、グラウンドから出ようとしたところ、元日本代表の福田正博さんが『お前、浦和レッズに来たいのか？』と聞いてくれたので、『めちゃくちゃ行きたいです！』と即答しました。そこで福田さんが強化部の落合弘さんに『コイツ、浦和に来たいんだって』とわざと大声で話してくれたんです。

その後、落合さんと話をして、大学リーグを見に来てくれるようになりました。そして、数試合を見ていただいた上でオファーをいただくこととなったのです。

福田正博さんとの出会い

プロになるための分岐点はいくつかあったと思います。福田さんとの出会いはその一つ。そして、自分自身が一歩踏み出したことが何より大きかったと感じています。『プロになりたい』と思っていても、自分がプロになる力があるのかどうか客観的に判断できなかったですし、どうやってプロになれるかどうかも分かりませんでした。

大学の監督に相談する時、『こんなことを相談していいのか』と悩んだことは今でも覚えています。さらに三菱養和時代の恩師である漆間信吾さんに電話する時もすごく悩みました。『そんなチームはないよ』と言われたら、プロへの道は消えてしまう。だから、怖かったんです。今思えば、そんなことで不安になる必要なんてなかったのですが、当時の自分は未来を切り開くことに対して、自分の意志で進むことへの恐怖を感じていたんです。でも、そこで一歩踏み出したから今があるんです。人生で初めて、自己決定した瞬間だったと思っています。

もちろん、それまでも個人的に様々な取り組みを行ってはいましたけど、人を巻き込みながら前に進むことはなかったので、すごく勇気が必要でした。でも、一歩踏み出したことによって、その先の未来が切り拓かれていったんです。

のちに、Ｊリーグの新人研修で福田さんが素晴らしい話をしていたことを今でも覚えています。プロサッカー選手にとって大切なこととして、３つを上げたんです。１つは『努力』。すごくシンプルなんですけど、良かった時も、またそのあとも、逆にうまくいかない時も変わらず努力をすることができるか？　ということを語ってくれました。そして、２つ目が『人の助け』でした。大成するためにも、周りの人から「コイツを助けたい」と思ってもらえるかどうか。だからこそ、いつも謙虚じゃなきゃいけないし、いつも真摯に向き合っていないといけない。そういう姿を見て、人は助けたくなるんだという話を福田さんはされていて、本当にその通りだなと思いました。人の助けを得られるかどうかは本当に大切なことで、私も大学時代に周りの人に助けてもらったおかげでプロになることができました。そして、３つ目は『運』でした。どんな時でも笑顔、前向き、プラス思考でいることが、さまざまな「運」を引き寄せるとの事でした。自分も諦めずに前へ進むために思考をし続けられたからこそ、プロの扉を開くことができました。さらに私の場合は漆間さん、福田さんや落合さんといった人との出会いといった縁という運がありました。

プロになって待っていた茨の道

プロになるまではよかったのですが、そこから待っていたのは茨の道でした。

2004年に浦和レッズから大宮アルディージャへ移籍、J1昇格に貢献

浦和には3年半在籍していたものの、リーグ戦に出場することはできませんでした。それでも、私は毎日自分を革新するための取り組みを行っていました。その成果を2004年に当時J2だった大宮アルディージャに移籍してから発揮することができました。2004年にJ1昇格し、2005年はプロキャリアの中で最もいいパフォーマンスを発揮できたと思っています。ただ、2006年春に負ったけがの影響によって、徐々にパフォーマンスを落としていき、2008年に契約満了を告げられることとなりました。

その後、他チームからのオファーを待っていたのですが、年が明けてもJリーグクラブからのオファーは届きませんでした。だんだん心境にもそれまでとは違う変化が現れはじめ、自分の中で今までとは違う目的でサッカーをしようという思いが出てきて、海外でサッカーをすることを決めました。Jリーグを外から見てみたいという考えもあり、知人を頼ってアメリカのチームのトライアウトを受けに行きました。全部で4つのチームのトライアウトを渡り歩き、最終的には、NASL（アメリカ2部）のポートランド・ティンバーズというチームへの加入が決まりました。

結局、アメリカで2シーズンプレー（2年目はクリスタルパレス・ボルチモアに在籍）したのですが、個人的にはすごくいい経験をさせてもらいました。アメリカでは常にいいパフォーマンスを発揮できたんです。

アメリカでは、日本で行っていた体のケアや調整方法ができなくなりました。その環境の中でベストの方法を探し出したところ、いくつか自分にフィットするものを見つけることができたんです。コンディションが上がったことによって、パフォーマンスが安定し、当時のキャプテンからポジションを奪って、レギュラーを獲得することができました。自分の中で2005年のプレーを取り戻したような感覚がありました。

ただ、契約の問題などもあって、2年でアメリカを離れることとなりました。そこから次のチームを探しました。シンガポールで3チーム、マレーシアで1チームのトライアウトを受けたものの、契約には至らず。せっかくならば、ヨーロッパに行ってみたいと思い、ドイツで5チームのトライアウトを受けました。でも、オファーを受けることができず、帰国を考えていたところ、当時J2だった北海道コンサドーレ札幌がサイドバックを探しているという情報が入り、練習参加をさせてもらうこととなりました。約1カ月キャンプに帯同して、契約を勝ち取ることができました。ただ、開幕戦こそスタメンで出場したのですが、試合は負けてしまったこともあり、その後出場する機会を得ることはできませんでした。

プロサッカー選手として最後の公式戦は天皇杯でした。対戦相手は、なんと水戸ホーリーホックだったんです。今振り返ってみると、すごく運命的なものを感じますね。

札幌はチームとしてJ1昇格を果たしたものの、開幕戦しか先発出場しなかった私は契約満了となりました。その後。Jリーグのトライアウトを受けましたが、どこからもオファーは来ませんでした。ただ、いつものように、いつチャンスが来てもいいようにと、次のシーズンに向けて自主トレーニングを始めました。しかしながら、いつもと違う気持ちがよぎりましたし、何よりも身体を動かそうとしても、気持ちがすごく重たかったんです。トレーニングとして駒沢公園を走っていたのですが、まったくスピードが上がらなくて、だんだんと苦しくなってベンチに座った途端、悟りました。『終わり…引退だな』と涙がこみ上げてきました。10年以上前のことですが、今でもその光景はよく覚えています。２０１１年12月29日の夕暮れ時でした。その場で引退を決断しました。

本当に、本当にサッカーが大好きで、最後まで現役生活にこだわったサッカー人生でした。だからこそ、『プロサッカー選手』の価値を理解しているつもりです。強化を担当する立場となった今も、契約満了を伝える際には一方通行にならずに選手と寄り添いながら伝えるようにしていますし、必要な時は自分の経験を伝えるようにもしています。


サッカーがうまくなるため、ファンを増やすために

現役時代を振り返ると、私は「変わった選手」だったかもしれません。サッカーのキャリアをひ

とつとっても、Jリーグだけでなく、Fリーグ（湘南ベルマーレに所属2試合出場）にも当時挑戦しました。今でこそそのようなキャリアの人は、増えてきましたが、当時は2例目だったと記憶しています。またFリーグから、再度Jリーグに戻ることも意識をして、その当時はキャリアを設計していました。

サッカー以外でもたとえば、各地の学校へ行き、「夢の教室」と題して授業を行う活動で、日本サッカー協会が実施する「こころのプロジェクト　ユメセン（夢先生）」が始まった時、未知なことなので、二の足を踏む選手が多い中、率先して立候補して、選手としては2番目か3番目に夢先生になりました。

また、練習後にカルチャーセンターに通ってカウンセリングの勉強をしたこともありましたし、体づくりに関して深く学びたいと思って、尊敬する治療院の先生に弟子入りしたこともありました。そして、これは今でも笑い話にされるのですが、ブラジル人のあの軽やかなステップでのドリブルは、リズム感からくるものではないかと仮説を立てて、ヒップホップのダンス教室に通っていた時期もあり、結局1年半ほど習ったこともありました。

今はなくなってしまいましたが、Jリーグの「キャリアサポートセンター」にも頻繁に足を運び、合計7社インターンシップに行きました。

大宮時代には地元のローカルFM局に企画を持ち込み、ラジオのパーソナリティーを務めたこともありましたし、2004年にはブログを立ち上げ、いち早く自身の言葉での発信を試みましたし、

2007年からはライターの方と協働して4年間にわたってサッカー専門誌でコラムの連載として取り上げて頂くこともありました。それらはすべて「セカンドキャリア」を見据えた行動ではなく、単純に興味があったことに次から次へと取り組んだものであり、サッカーがうまくなることはもちろん、できる限り長く現役を続けること、そして、どうすればファンが増えるかということを考えた上での行動でした。

前述の通り、11年間で現役生活を終えることとなりましたが、そうした行動のすべてが現在の仕事につながっていると実感しています。

強化部の仕事に興味を持ったきっかけ

強化部の仕事に興味を持ったのは2005年、大宮に在籍していた時のある出来事がきっかけでした。当時、私は小さなけがが多く、特に捻挫癖があり、左右内側外側すべて3回ずつぐらい捻挫をした経験があります。晩年はけがをした瞬間に自分で重症度と、復帰までの期間が分かるぐらいになっていました。それぐらいたくさんけがをしてたんです。

だからこそ、けがをした時、少しでも早く治したいという思いを強く持っていました。そして、大宮と契約交渉をする際、メディカルの体制を充実してほしいというお願いしたんです。具体的に言うと、アイシングシステムを買ってほしいと頼みました。捻挫などのけがをした場合、初期対応としてアイシングシステムを使うことによって治りが早くなります。捻挫をするのは私だけではありません。サッカー選手にとって、このような怪我は切っても切れないものです。だから、自分のためというより、今後のチームのために必要だということをその交渉の席で訴えたんです。

しかし、結果的に買ってもらうことはできませんでした。アイシングシステムは数十万円するもので、簡単に購入できるものではありません。それでも、実際にチーム内で捻挫をする選手は多かったですし、クラブも『プレーヤーズファースト』という言葉を打ち出していたので、お願いしたのですが、返答は変わりませんでした。

その時に気づいたのが、チームを強くするのは選手や監督だけでは無理なんだということです。大切なのはチーム全体をマネジメントするために判断する存在であり、それは監督ではなく、強化部長であり、GMだということです。元々現役引退後は指導者になりたいという思いをおぼろげながら持っていましたが、その時にマネジメントする立場にも興味を持つようになったんです。きっかけは捻挫とアイシングシステムです。一昨年、水戸でアイシングシステムを購入しましたが、個人的にある意味〝念願〟と言えるのかもしれません（笑）。そこには「選手には良い環境を与えたい」という自分のひとつの原体験はあるんです。

現役時代からイメージしていた指導者への道

元々指導者になりたいという考えは持っていたので、引退してすぐにマネジメントの道に進んだわけではありませんでした。

現役時代から自分を高めることやどうすればパフォーマンスが上がるかということに対して、すごく考えて実行してきた自負があります。

選手のパフォーマンスを分解していくと、「技術」「フィジカル」「メンタル」「戦術」の4つに分類することができます。選手として高みを目指すために、それぞれを強化することに取り組みました。そうした選手時代の行動や体験が、つながっていると感じています。どうすれば個の能力を伸ばすことができるのか。そして、チームを勝たせることができるのかといったことを選手の時からずっと考えていました。振り返ってみると、自分が指導者だったら、強化部長だったら、という考えを現役時代から仮説として持っていたんだと思います。だから、当時からクラブ側の仕事にすごく興味を持っていました。

そして、5つ目の要素として必要になることは「能力開発」だとも思っていました。実は、そこに関しては、現役時代から取り組んでいたんです。視覚機能を高めるためのビジョントレーニングを行っていましたし、脳波を測定してイメージと脳波がどのように相関し、自分がいいプレーをイメージした時に頭の中がどうなっているかということについても分析したりもしました。

とにかく、自分が選手として高みを目指すためのことはできる限り行いました。さらにどうすればチームが強くなるかということについても深く考えていました。そして、行きつくところは指導者の道だったので、引退後は指導者になるイメージがありました。そのための準備として、現役中にB級指導者ライセンスを取っていました。

現役を引退した後、指導者の道に進もうと、まずは自分が所属したことのあるクラブに対して、働ける可能性があるかどうかについて問い合わせたところ、即答してくれたのが浦和でした。普及事業であるハートフルクラブでなら引き受けることができるという返答をいただいたんです。それで浦和にお世話になることを決断しました。

ハートフルクラブには、自分が大学在籍時に夢のプロの道を開いてくれた、当時スカウトを担当していた落合弘さんがキャプテンという形で部署の責任者を務めていたんです。そこで再び声をかけていただいて、引退後の第一歩を落合さんのもとで踏み出すこととなりました。

いずれは育成、トップの指導者への道に進みたいと考えていたのですが、浦和というクラブは巨大な組織ですので、ハートフルクラブには自分よりもキャリアと実績のあるコーチが何人もすでにいました。その現状で、自分の目指す指導者にたどり着けるかどうかを考えた時、かなり時間がかかるだろうという結論に至りました。そこでまた新たな行動を起こします。

そうした状況を飛び越えていくためには育成普及の指導者の中でスペシャルな何かを持たなければいけないと考えました。その際、育成普及の組織全体を見渡した時、中学生や高校生の進路に対する知識を持ち、そうした相談にしっかり応えられる能力を身につけることができれば、他のコーチと差別化がはかれて、強みになるなと考えたんです。そこで、普及のコーチを務めながら、数十万円の学費を払って専門学校に通って、キャリアカウンセラーの資格を取ることにしました。現役時代から自分の体に対してかなり投資をしてきたので、引退後も自分のキャリアアップのために必要なことに関しては、積極的に取り組んでいこうと決めていました。新たな資格を取ることによって、指導者のライセンスだけでなく、中高生の進路相談もしっかりできるということを自分の武器にしようとその時は思ったんです。

今振り返ってみると、この指導者の世界をどのようにして生き抜いていくかに対して、自分なりに考え、ひねり出した、その時の答えだったのでしょう。

引退後拾ってもらった恩師へ感謝の手紙

そうこうしていると、その年の秋にあるオファーが舞い込んできました。それは関東社会人2部リーグに所属しているVONDS市原というクラブから監督兼選手をやってもらえないかという内容でした。自分としては、浦和で指導者の道を歩み出したばかりだったので、どうしようかと悩みました。実際に現場に足を運んだり、クラブのことを調べたりして考えたのですが、自分としてはすでに選手への未練は全くなく、現役に復帰する気持ちはありませんでした。その中でチームを強くするためには監督だけではなく、強化部やGMの力が大きいという考えがあったので、強化の仕事を経験してみたかったし、GMもやってみたかった。そこで、交渉の席で監督兼GMという役職をやらせてもらえないかという提案をさせていただいたんです。協議の末OKをしていただき、VONDS市原では強化と指導の二足のわらじを履くこととなったんです。

その手前では、引退後拾ってもらった落合さんにどうやってお話をするかに頭を悩ませていました。本当に1年で離れるべきなのか、すごく失礼なんじゃないか？　一緒に働いている仲間はどんな風に思うのか？　J1のクラブから、当時6部のクラブに行くことは本当に自分にとって良いことなのか？　色々なことが頭をよぎりました。

未知へのチャレンジには比較的早く覚悟が固まるのですが、恩師の落合さんにどうやって伝えるべきか、それが最後まで、自分の心の中にはありました。最終的には手紙を書くことにしました。サッカーをまだ始めたばかりの子供たちに対して、何を重要視するのか？　何を徹底するのか？　それはなぜなのか？　そのような事に対して、落合さんのもとで、たった1年ではありましたが、たくさん講話を聞いて、指導の構成をやってみて、仲間とたくさん議論をして、本当に多くの発見がありました。

あの1年間で自分の中に、非常に重要な問いが生まれました。それは「サッカーを通して、何を身につけていくべきか」ということです。

もっとダイレクトに問うとすれば、仮に半年間しかサッカーに触れなかった子供に残せるモノはなんだろうということです。たった半年間で習得できる技術はたかが知れています。

そこで落合さんが導き出した解の一部は、「目を見ての挨拶」、「話を聞く姿勢」、「課題に一生懸命取り組む事」、「他人への思いやり」などでした。つまりは「社会の中での大切な習慣」を徹底することでした。これは、その後どんなことに取り組む時も、自分の根っこに繋がる大切な価値観、気付きのひとつとなりました。落合さんにはその感激した気持ちを素直に手紙綴り、この場所を与えてもらえた感謝と共に、来季の挑戦への想いをお伝えさせてもらいました。

落合さんが、浦和時代に題材にしていた講話をひとつ紹介させてください。昔日本代表選手の合宿中、代表強化で来日をされていた日本サッカーの父デットマール・クラマー氏にまつわるエピソードです。

合宿中部屋の前で脱ぎ散らかり散乱するスリッパを見て、そのことを選手に強く指摘されたそうです。そしてそこで「次の人の気持ちを考える」重要性を説いたようです。周りの方への「思いやり」と解釈された落合さんは、学校での子供たちへの講演の中で、そのエピソードをお話しします。そして、そのテーマを題材にしたエクササイズを我々普及コーチが子供たちに体現させるということを1年間でしたが、やらせて頂きました。落合さんは、このような情操教育を、もう20年近く子供たちに行い続けています。それ以降、様々な場面で出くわす、サンダルを見ると必ず、揃えることと共に、最初にプロの道を拓き、引退後も拾って頂いた落合さんの顔を思い浮かべるようにしています。

指導とクラブ運営　二足のわらじ

ＶＯＮＤＳ市原での新たな挑戦は、分からないことだらけでしたが、指導とクラブ運営の両方に携わらせてもらって、毎日刺激的な日々を送ることができました。

指導者としては、１年目で１部に昇格を達成し、自信を手にすることができました。自分の分析では関東社会人２部リーグにおいて、ＶＯＮＤＳ市原は個の能力において相対的に強いチームだったのと、１週間に６回練習ができるという環境面のアドバンテージもあり、しっかりまとめ上げることができれば、高い確率で昇格できると思っていました。とはいえ、下位のチームに負けることもあり、そうした経験から様々な学びを得ることができました。今でも鮮明に覚えているのが、監督を務めて最初の千葉県選手権で先制点を喫した試合。その時、監督として足元が宙に浮いたような何とも言えない不安な感覚に襲われたんです。初めて監督を務めて、いろいろな経験をさせてもらいました。それによって様々なことが分かり、いろんなことが見えるようになりました。試合を重ねるごとにだんだんゲームを動かせるようにもなりました。そうした経験を積みながら、１年目から昇格という結果を残すことができ、手ごたえをつかむことができたんです。

２年目のシーズンは１部昇格１年目のシーズンながらもリーグ優勝を目指したのですが、２位という結果に終わりました。その後、社会人サッカーの名物、全国社会人大会に出場して５日間で５試合の連戦を戦い３位に滑り込みまして、ＪＦＬ参入を決める地域リーグ決勝大会の出場権を得ることができました。しかし、地域決勝リーグ1次ラウンドで奈良クラブに負けて、敗退することとなってしまいました。地域リーグ決勝大会のような連戦はJリーグではないですから、実際に経験してみないと分からない大変さや過酷さがありました。

翌年はリーグ戦で優勝を逃し、地域リーグ決勝大会に進出することはできませんでした。監督を3年間務めて、1部昇格は達成したものの、JFL昇格はできませんでした。結果的に、そのシーズンを最後に、監督を退任することが決まりました。

ただ、監督として多様な経験を積んだことが今の強化部の仕事にすごく活きています。中でも、有意義だったのが、毎年年末に行われる市原カップという大会でした。昇格や降格のない大会なので、新しいシステムや戦術を思い切って試すことができたんです。そこでいろんなフォーメーションを使ったことによって、それぞれのメリットとデメリットが分かりましたし、ポイントも理解できたんです。私が指揮を執った3年間のベースは4－4－2でしたが、4－1－4－1や3－5－2、3－4－3も使えるようになりました。最終的に4－3－3を十分に機能させるという所まではたどり着けませんでしたが、様々な意味で指導者の経験と同時に勉強の機会となりました。その当時の選手、スタッフには本当に感謝をしています。

まだ若造の新米監督を信じて、そこに時間と情熱を投じてくれた、あの時の選手、スタッフは一緒に闘ってくれたまさしく戦友として、私にとって今でも特別な存在です。

現代のサッカーにおいて、「変化」はとても大切です。試合の流れを読んで、相手よりも先に手を打つことが重要になります。レベルが高くなればなるほど、一発で局面を変えられる選手が出てきます。けれど、社会人リーグと比べてＪリーグの方が試合の流れは安定しています。社会人は予想していないところでミスが起こるし、急に流れが変わったりするので、流れを読むのが難しいんです。だからこそ、小さな変化を見落としてはいけないんです。逆にそういうことに気づいて手を打てれば、戦況を変えることができる。そういう経験ができたことは、大きかったですし、非常に勉強をさせてもらった3年間でした。

監督としてGMとして力を振り絞った3年間

一方、ＧＭとしてのフロント業務に関しては分からないことだらけでした。営業も、運営も、広報も何となくやっていることは分かるのですが、その全てを理解できてはいませんでした。さらに自分が就任したタイミングでグラウンドの整備とクラブハウス建設の話が進んでいて、毎週のように建築、土木関係の方と打ち合わせもしていたのですが、それも分からないことだらけでした。先方が口にする専門用語がまったく分からず苦労しました（苦笑）。とにかくメモを取りながら、分からないことがあったら、調べる、また質問をして、話を進めていきました。もちろん、私だけで話を進めたわけではなく、フォローしてくれる人もいましたが、最終的に自分が決断をする立場だったので、分からないことについて必死に勉強しなければなりませんでした。

集客に関しても未知なことばかりでした。とにかくやれることをやろうということで、チームのことを知ってもらうためにビラ配りをしましたし、お金を払ってポスティングをしてもらうこともありました。当時はまだ費用対効果の知識もあまりなく、とにかくできることをガムシャラにやっていました。

また、クラブを法人化し、さらにアカデミーの立ち上げにも尽力しました。

クラブを地域に浸透させていくためにも地元の人たちに認めてもらわないといけません。そのために青年会議所に所属しましたが、当時の理事長が最初はサッカーにまったく興味がない方だったんです。そこで、メンバーの1人ずつと仲良くなっていって、みんなから応援してもらえるような関係を築いていきました。行政から委託事業を請け負って、月に一回「にぎわい市」というお祭りを開催しました。監督を務めながら、そういった活動にも精を出していました。今振り返ると、本当にハードな日々だったなと思い出します。

しかしながら、不思議と疲れはあまり感じませんでした。それは、信じてついてきてくれるクラブスタッフや、新たに出会った市原の仲間たち、また地域の中で、サッカーを愛する人たちと出会えてその人たちと共に時間を過ごせていたからだと今では思います。

VONDS市原に来て、3年目で監督を退任することとなりましたが、直後にGMとしての契約満了も告げられました。クラブの経営陣の中に私のことを支持しない人がいたのも事実なんです。でも、それはよく考えると、自分の責任でもありました。就任してから、一気に物事を進めようとして、自分の考えを押し通しすぎたところがあったと思います。その当時はそれに気付けませんでしたが、それによって、組織の中に理解者を増やすことができませんでした。クラブ全体、組織全体のマネジメントができていなかったんです。

もちろん、私を支持してくれる人たちもいましたし、退任が決まった際は、選手の中には泣いてくれる人もいました。でも、いろいろ考えて、クラブを去る決断をしました。そこは自分にとっての大きな分岐点で、この3年間に力を振り絞ってきたのに、思い描いていたものとまったく異なる結末となってしまいました。監督として結果が出なかったことを受け入れることはできたのですが、GMとして長い期間クラブで仕事をすると考えていたのと、多くの選手、スタッフが自分を介して、クラブに来てくれただけに、その彼等に対して何とも言えない気持ちになったと事を今でも思い出します。

水戸ホーリーホックから強化部長のオファー

VONDS市原での経験から、サッカー界をよくするためには経済的にも安定した状況で、腰を据えてそういう立場になることが重要なんじゃないかと考えるようになりました。別に本業があって、ボランティア的にかかわっていた方が組織に対して意見をしやすいのではないか。そこで、VONDS市原を辞めた後、一度サッカー界から離れるために就職活動をしました。サッカーが嫌いになったわけではなく、サッカー界で仕事をやり遂げるためには別の生業を作って、そちらを軌道に乗せてからサッカー界に関わる方法を本気で模索していた数週間がありました。

その時、水戸ホーリーホックが強化部長を探しているという話が知り合い伝いを通して舞い込んできました。すぐに前任者の小原光城さん（現・FC東京フットボールダイレクター）と会うことになったんです。そして、話をした3日後ぐらいに沼田邦郎社長（当時）にお会いして、強化部長のオファーが届きました。それで引き受けることとなったんです。２０１５年12月下旬の出来事でした。

小原さんとはそれまで親交が深かったわけではありません。ただ、私がＶＯＮＤＳ市原の監督時代にJリーグの新人研修の講師を務めていたんです。その時に小原さんは強化部長として選手を連れてきていて、私の講義を聴いてくれたそうです。その時から私に対していいイメージを持ってくれていたという話をしてくれました。

また、ＶＯＮＤＳ市原代にＧＭという立場を経験していることに加え、水戸はアツマーレという練習施設を作ることが決まっていたので、ＶＯＮＤＳ市原でグラウンド建設に携わっていたことも私を選んだ理由の一つだったそうです。さらにＶＯＮＤＳ市原時代に、ベトナムとの国際交流をしていたことと、翌年ベトナム人選手のグエン・コン・フォン（現・横浜ＦＣ）を水戸が獲得することが決まっていたことなど、偶然がいくつか重なりに重なり、ついに現役を引退してから5年目にして、Ｊリーグクラブの強化部長という役職に就くこととなったんです。38歳の時でした。

第2章

強化部長に就任。着手したこと

無我夢中だった強化部長1年目

２０１６年に水戸の強化部長に就任しましたが、２０１１年に現役を引退してから浦和レッズの普及で1年、地域リーグで3年活動したことにより、4年間もJリーグでの空白期間がありました。VONDS市原の強化を担当していたので、毎年Jリーグが主催するトライアウトには足を運んでいましたが、Ｊリーグの強化とは異なる物差しで選手たちを見ていたので、まずは水戸の映像を一気に見て、選手のレベルを知ることからスタートしました。

Ｊリーグでの強化部長という立場に就くのは初めての経験だったので、最初の頃はよく前任者の小原光城さんに連絡をしていました。そこで感じたのは当たり前ではありますが、Ｊリーグの強化は地域リーグの人事よりも細かく専門性が高いということ。とにかく情報を集めて、今のチームの状態を知り、どんな選手がいて、その選手がＪ２の中でどのぐらいの能力があって、市場の中でどんなレベルなのかを見極めることに力を注ぎました。そのため1年目はとにかく試合をよく見に行きました。Ｊ2だけでなく、Ｊ１もＪ３もスタジアムに足を運んで見まくりました。

そして、強化部の仕事は何をするのかということを整理するために自分の行動を記していました。２０１６年と２０１７年は水戸の試合以外、大学サッカーも含めて3日に1試合ぐらいのペースで見に行ってました。年間１００試合ぐらいは見たと思います。映像ではなく、できる限り現地で試合を見ることにこだわっていました。Ｊ１のクラブは強化担当者が数人いますが、水戸は１人しかいなかったので、練習で水戸の選手の状態を見て、監督やコーチたちがどんな指導をしているのかを確認しながら、チームの外の情報も自分が入手しなければなりませんでした。当時はガムシャラに行動していたので、あまり感じませんでしたが、今振り返ると、かなりの労働時間だったと思います。

就任当時、水戸の監督は西ヶ谷隆之さん（現・シンガポール代表監督）でした。大学（筑波大）時代は全日本選抜で世界一に輝いた実績を持つ人であり、指導者としても育成からトップまで経験を持ち、前年にはチームが降格の危機に陥った際、柱谷哲二元監督解任後、ヘッドコーチから監督に就任して、チームを残留に導いてくれました。絶体絶命のピンチから水戸を救ってくれた監督です。

そうした中、いきなり強化部に経験の乏しい、自分よりも若い人間が来たことにきっと懸念を抱いていたはずですし、自分がどんな人間なのかを探っていたところはあったと思います。

そんな西ヶ谷さんとは1年目に印象深い出来事がありました。自分としても監督の西ヶ谷さんの要求に応えるために、とにかく必死でした。そんな時、それまで9得点をして、チームのエースだった三島康平選手が、松本山雅FCからオファーが来て、移籍を余儀なくされます。強化部長になったばかりで、こんな時はどうすれば、良いのか？　そもそも違約金が設定されているので、選手が同意した場合、拒否権はない。三島選手が残ると言ってもらえるように、説得を試みるも、最終的には挑戦したいという三島の決意を尊重することが結論となりました。その後に、アルビレックス新潟からＦＷ平松宗選手（現・ザスパクサツ群馬）を獲得しました。強化部長のひとつの仕事として、監督のために良い選手を獲得しなければというプレッシャーはＶＯＮＤＳ市原のＧＭ兼監督の時にはないものでした。

結果的に、途中移籍で獲得したＤＦの福井諒司と、ＦＷの平松宗がうまくチームにフィットしてくれて、過去最高順位タイの13位でフィニッシュとなり、初めての強化部長のシーズンを終えることができました。

ＧＰＳの導入

最初の2年間は自分が何かをするというよりも、とにかくチームの力にならないといけないという思いで仕事をしていました。チームにとっての要望に応えることを意識していましたし、選手の獲得に関しても、自分の中にしっかりした基準がまだなかったので、監督やコーチ、前任者の意見を聞いたうえで、最後に自分の目を添えて判断することを心がけていました。

その中で西ヶ谷さんの要求に応えたのがＧＰＳの導入でした。西ヶ谷さんが「ＧＰＳを使いたい」と言っていたのですが、すごく高価なもので、当時の水戸で購入するのは難しかった。

それでも、なんとか要求に応えようと情報を収集していたところ、河野高宏ＧＫコーチの知り合い経由で、ある大学からＧＰＳを借りられることになったんです。その代わり、我々のデータを大学に提供するという条件でした。今では当たり前になっていますが、当時はまだGPSを導入しているチームは多くなく、扱える人も少なかった。チームでは私しか扱えなかったので、毎日自分が管理をしていました。

練習前に選手に配るのも、練習後に集めて、箱にしまって、事務所でデータ化するのも、すべて私が行っていました。そのデータを入力するのにとにかく時間がかかりました。毎日早朝に事務所に行って、データをプリントアウトして、全員分のデータをまとめて練習場でスタッフに渡していました。せっかくそういうデータを取っているなら、コーチ陣だけでなく、選手たちにも見てもらいたいと思い、データを貼り出すようにしていました。

当時はフィジカルコーチがいなかったので、そのデータについて私が選手たちに説明をしていました。前田大然選手（セルティックFC／スコットランド）のスプリントの回数のデータが異常に多く、毎日驚かされていたことは今でも強烈に覚えています（笑）。

低予算のJ2チームの中でGPSを導入したのは早かったと思います。お金はありませんでしたけど、そうしたトライをどんどんしていこうと思っていました。その中で私がこだわったのが、毎日練習の映像を撮影することでした。最初はその撮影も自分が行っていました。それは毎日の練習をフィードバックすることはもちろん、練習の内容や強度に関して、チームとしてのベースを持っておきたいと思ったからです。監督が代わっても、フィジカルコーチが代わっても、『このぐらいの強度で、このぐらいの内容の練習をしてほしい』ということを言える状態を作ろうと考えていました。その点に関して、監督に丸投げするのではなく、クラブとしてコントロールできるようになりたいと思っていたんです。だからこそ、毎日練習メニューを記録して、内容を分類して、強度をデータ化するという作業を行いました。

チーム強化のためにゲーム分析ソフトを開発

そして、当時から力を入れていたのがゲーム分析です。強化部長に就任してから、あるゲーム分析の会社と私でゲーム分析ソフトの開発に取り組みました。

基本的に監督やコーチ陣は試合後に映像分析を行って、気になった場面をチェックして、映像を切り取る作業をします。その分析結果を基にしてチームのフィードバックにつなげていきます。自分もＶＯＮＤＳ市原の監督時代、毎試合同じことをしていました。そこでいかに細かく現象を分類することができるかが次の改善への第一歩だと考えています。ゲーム分析が荒かったらチームは強くなりません。できる限り、細かく丁寧に行うことが大切だと考えています。だからこそ、その点に関しても、監督だけに委ねるのではなく、クラブとしてしっかり行えるようにしたかった。そのために開発したソフトを使って分析するようにしたんです。すると、非常に的確に分析ができるようになりました。

それはどういうものかというと、「攻撃の奪った瞬間」「自分たちの保持」「相手に奪われた瞬間」

「相手の保持」という4つの局面における「良い」「悪い」を抜き取って、分類するという内容です。たとえば、ある選手がピッチ中央でボールロストをしたとします。では、それがどういう状況でのロストなのかを分類します。ボールを保持している時のロストならば、「自分たちの保持」に入れます。攻守の切り替えの時ならば「攻撃の奪った瞬間」に入れ、さらに「時間帯」「対象」「現象」「エリア」という4つに分けていきます。そうすることによって、何がよかったのか、悪かったのか、我々のプレーモデルに合っているプレーだったのか、合っていないプレーだったのか、個人のミスなのか、チームのミスなのかということを明確にしていくんです。色を付けて分類をすることによって、今日の試合は相手が保持のところでこれだけいいシーンを作れたとか、自分たちが奪った瞬間にこれだけいいシーンを作れたけど、ミスもこれだけあったといったことを一目で分かるようにしているんです。

なぜ、そういうソフトを開発したかというと、もちろん、チームや個人のフィードバックにつなげる意図がありますが、サッカーに詳しくない社長や経営陣に対して、その試合がどうだったかを一目で分かるようにしてみたいという意図がありました。

チームを強化していくためにはそういった方々にもチーム作りを理解してもらわないといけません。でも、経営陣は当然経営のプロフェッショナルであり、サッカーに対しての知識は明るくありません。だからこそ、できる限り分かりやすくチームの現状や何がよくなって、何が課題なのかといったことを明確にしておく必要があるのではないかと、当初は考えていました。ただ、何よりも、新たな分析ソフトでプレーを分類していくことによって、ゲームの中で何が起きているかが、私自身がそれまでより詳細にわかるようになったんです。それが一番の発見でした。しばらくはその作業を私が行っていました。そうして出した分析結果を監督、コーチ陣に渡して、チームに伝えるようにしていました。お金をかければ、いくらでも良いソフトは手に入ります。しかしやってみて大きな経験となったのは、一からどんな項目が必要で、どの項目を重視し、どのようにして分類していくかということを自らやってみたことです。論理的思考の第一歩目は事象の「分類」から始まります。自分が論理的にチームや、選手を見ていくことに後々役立つことになりました。

ただ、実際のところ、そのソフトを効果的に使えるようになったのは2018年の長谷部茂利監督（現・アビスパ福岡監督）が就任したシーズンからでした。長谷部さんがそういったデータに興味を持ってくれたことも大きいですが、私だけではなく、森直樹コーチもその分析データを作れるようになったことが大きかった。コーチ陣にそのデータの必要性を理解した人間がいると、強化部と現場の目線を揃えることができるようになるんです。その体制が完成したのが、水戸に来て3年目の2018年でした。

要はどんな現象が起きたかを細かく見ることによって、課題設定を明確にすることが大事なんです。最も項目の多いところを次の週のトレーニングのターゲットにしないといけない。レアに起きた場面を解析しても、効果的ではないんです。試合で多く起きたことに的を絞って改善していくことによって投資対効果が高くなるのです。そして、監督の感覚だけに頼るのではなく、あくまでピッチ内で起きた現象にフォーカスしなければならない。２０１８年以降、その分析結果を指標に強化部と現場スタッフとでディスカッションできるようになりました。それはチーム作りにおける大きな変化でした。そして、２０１９年には最終節まで昇格争いを繰り広げ、最終的に得失点1差でＪ1参入プレーオフ争いを逃したものの、過去最高の7位という成績を収めることができました。まずは監督の手腕、スタッフのサポート、また選手が遺憾なく能力を発揮してくれたことが、最大の要因ですが、そうしたデータ分析の新たな導入もひとつの要因として挙げられると思っています。私が強化部長に就任して、最初に大きな手ごたえをつかんだ出来事でもありました。

高めるべき4つの要素

チームを成長させるためには「技術」「戦術」「フィジカル」「メンタル」の4つの要素を高めないといけません。その中で自分が強みとしているのが「フィジカル」です。前章で述べたように、私は現役時代から治療院の先生に弟子入りするほど体づくりに興味を持って取り組んでいました。そうした経験や知識を活かそうと考えていました。

フィジカルというのは鍛えることと治すことの両面が含まれています。治すことに対して、Ｊリーグ全体の体のケアに対する意識のレベルはまだまだ高いとは言えない状況だと感じています。だからこそ、私は当時メディカルスタッフと密にコミュニケーションを取るようにしましたし、トレーナーを採用する際には実際自分に対して施術を行ってもらい、トレーナーの方の強みや、こだわり、独自性を把握した上で、採用するようにしています。

トレーナーの存在は選手、チームにとてつもなく大きな影響を与えると自分は考えています。監督が使いたい選手が、けがによる離脱なく、メンバーに入れることができることはもちろん、良い状態に保つことは、選手の最大値を常に引き出すことに影響しますし、メディカルルームでトレーナーの方と関係性次第では、メンタル的にも、癒やされたり、やる気になったりするものです。また選手の身体の状態を正確にフィードバックすることで、選手の身体感覚は高まっていきます。

選手のケアへの意識を高めるということは、いい状態で強度の高いトレーニングをすることにつながります。それを繰り返すことによって、選手は鍛えられて、成長していくんです。そのサイクルを回すためにも、メディカル体制は非常に重要です。そして、メディカルとフィジカルを繋いで考えられるスタッフの育成を心がけています。2018年から在籍する土井達也(チーフトレーナー兼ストレングス&コンディショニングコーチ）はチームにおけるその第一人者です。着実に経験を積みながら、着実に経験を積みながら、どんどん精度は高まっていると感じています。今後もそのような方針でメディカル体制を構築していこうと考えています。

選手の離脱率を下げる

先ほどJリーグ全体のケアのレベルについて触れましたが、私が問題だと感じるのは、ベテランを優先して、若手があまりマッサージを受けられないチームが多いことです。ベテランだろうと、若手だろうと、日々の体のメンテナンスは重要です。だからこそ、水戸では年齢関係なく、誰もが日々ケアを受けられる体制を作っています。他のチームから移籍してきた時、その環境に驚く若手選手は少なくありません。今はトレーナー4人体制で毎日多くの選手がしっかりケアを受けられるようにしています。

2016年と2017年に疲労性の中足骨を折るけがをした選手がいました。そのけがは私の中ではしっかりケアさえしていれば、高確率で防げるという認識があるんです。中足骨が折れる選手というのは、パフォーマンスを見ているとだいたい前兆があります。重心が外側に流れ出し、腿の外側、腸脛靭帯のラインの張りが強くなります。日々ケアを受けていれば、腕の良いトレーナーはその変化には気付けます。自分が見ていても、動きが重たくなったり、ターンの瞬間に力みが見えたり、上手に身体をたたんで、沈み込めなくなる。防ぐことができるけがをしないためにも、ベテランだけでなく、若手にもしっかりケアをするようにトレーナーには伝え、常にチェックするようにしています。

それでも、特に自分が就任したての頃は、『マッサージを受けなくて大丈夫』という選手がいましたし、トレーナーの方も、選手の意見を優先して2週間も、3週間もケアをしなかったことがありました。

日本代表選手で身体へのケアの意識が低い選手はいません。だからこそ、我々がどのレベルに向かおうとしているのか、そして、そのためにどうしていくかについて、選手、トレーナーの方々とはたくさん議論をしてきました。方針が異なるということで、トレーナーを交代する決断をしたことも何度かありました。

初期の頃は、誰がいつマッサージを受けたかに関して表に書き出し、貼り出すようにしました。『受けたくない』という選手に対しては、しっかり話し合って、その必要性を理解してもらえるまで、根気強く、話し合うようにしました。

たとえば、前田大然選手は加入した当時はその必要性の理解が低い選手でした。でも、途中から受けるようになって、良いコンディションを維持できるようになりました。年齢関係なく、体へのプロフェッショナルの意識をチーム全体に植え付けることに力を割いてきました。その結果、2019年以降中足骨を折る選手はいなくなりました。ここまで、具体的に選手、トレーナーの方々にメディカル面で関わる強化部長は少ないと思います。プロサッカー選手の身体はF1のマシンのように高性能で、それでいて、やはり繊細なんです。だからこそ、最高の品質管理ができるように、まだまだその取り組みを進化させていきたいと思っています。

治療院に弟子入りした際、私は東洋医学をベースとした構造医学という分野を学びました。

たとえば、東洋医学において「土用の日」と呼ばれる、1月、4月、7月、10月は脾経といって体の内側のラインが張りやすく、同じ負荷でトレーニングをしたとしても、緊張が高まりやすくなり、けがのリスクが高まる時期とされています。さらに消化機能も弱まりやすい時期でもあります。それは身体のバイオリズムに起因しているのです。現役時代、私もその時期に身体の張りを感じることが多かったので、どうやったら、良い状態を作れるかということを、自分の身体を通して何度も実験をしてきました。

そういう知識や、経験を踏まえた上で先回りして対応することが大事なんです。だから、選手にもトレーナーにも、その時期は念入りにケアをする意識を持たせるようにしています。そのため、水戸では試合時の接触を伴うけがは、それなりに起きてしまいますが、筋肉系やケア不足で起こる疲労性のけがなどは、年々少なくなっています。これはメディカルチームが日々の取り組みの精度を高めたひとつの成果だと思っています。

フィジカルに関しては、鍛えるべき要素について「安定性」「可動性」「協調性」「ストレングス」の4つに分けて、選手に伝えるようにしています。可動性が弱い選手はけがをしやすいですし、安定性が弱い選手は重心がすぐにぶれてしまう。協調性の低い選手は反転が弱く、ストレングスが弱い選手は当たりに弱い。

たとえば、DF山田奈央という選手は腰椎分離症に最初なってしまいましたが、安定性と可動性を高めたことで、手術を回避し、短い時間の中で、上手に復帰ができました。「フィジカル」という言葉で一括りにするのではなく、個別に鍛えるべきポイントは異なるんです。一緒くたのトレーニングではチーム全体を鍛えていくことはかなり難しいと言えます。

コーチからの個別のフィードバックの重要さ

国士舘大学から加入した平野佑一。
水戸での活躍が認められ浦和レッズに移籍した

「技術」に関しては個人の振り返りをしっかりさせる中でコーチ陣がいかに個別でフィードバックを作れるかどうかが重要だと思っています。最近、サッカー界ではＩＤＰ（Individual Development Plan）という言葉が使われるようになっています。個別育成プランのことですね。そのことに対して、我々は以前から取り組んできました。１人１人にカスタマイズして、それぞれの得意なことや足りていないことに関して、分解して取り組んでいくようにしています。技術的なところはチームトレーニングでできることと個別トレーニングでできることがあります。その間にグループトレーニングもありますが、課題設定をしっかりした上で、それらを効果的に組み合わせることによって、一つずつ着実にクリアさせていくことが個の質を高めることにつながると考えています。

そのために重要なのが、選手個々の強みと弱みの分解をできる限り正確に行うこと。これに尽きると思っています。技術的なことに関してはコーチからの個別のフィードバックが非常に重要になります。たとえば、2019年には、コーチたちは嫌だったと思いますけど、コーチ陣がいかに選手に対して個別にフィードバックをしたかということを見えるように、選手たちにそのような機会を行ったら、表にシールを貼ってもらってわかりやすく可視化してみたこともありました。

特に福岡に移籍してしまいましたが、コーチの田中遼太郎さんに関しては、選手への個別のフィードバックの回数は非常に多かったです。彼が頻繁に行う「ボランチミーティング」というものがあったのですが、そのおかげで、小島幹敏（現・大宮アルディージャ）、前寛之（現・アビスパ福岡）、平野佑一（現・浦和レッズ）、白井永地（現・徳島ヴォルティス）などの安定的な活躍がありました。

コーチ室でコーチングスタッフでいろいろ話をする光景をよく目にします。ただ、よくないのは、そこで至らない点や、改善点をその場で話すだけで終わってしまうこと。その会話の中に正解も時に不正解もあると思いますが、そこで終わってしまったら意味がない。そのような会話をして仮説を立てたなら、選手たちにフィードバックしてもらって、検証することに意味があると思います。

また、さらにそれらを全体に伝えることと個別に伝えること、そして、それに紐づいたトレーニングをさせることが選手を成長させるために重要だと考えています。ただ、その方法に関して、ずっと模索しており、まだまだ改良する余地はあると思っています。

そして、「メンタル」の鍛え方に関してだけは、正直言って、以前はよく分からなかったんです。何をすることが「メンタル」なのかということを模索してきました。最近、自分の中で出た答えは、だからこそ、1on1面談を行うべきだろうということです。面談で第三者相手に話をすることによって自分を見つめ直し、自分がどんな人間で、どんな価値観があり、どんな事に動機づけられているのか？　なぜ、自分は今サッカーをしているのか？　というように、自己認識を高めることができる。それがメンタルトレーニングの第一歩となるのではないか!?　自分が「なぜ」やるのかを深く自覚することによって、そこから自分を律するようになっていくんだと思います。後述しますが、我々が取り組んでいる「Mission Vision Value」はそれに当たると考えています。

そうした4つの項目の進捗状況を通して、それぞれの選手に足りないところや強みを見るようにしています。それが水戸の選手育成のベースです。

水戸のプレーモデル

2016年に強化部長に就任して、サッカー面でまず行ったのが、今後の水戸ホーリーホックの方向性を定めることです。そのためにこれまでの水戸の戦い方の分析をするところから着手しました。

水戸のプレーモデルに関しては、私が作ったというより、歴代の監督のサッカーの積み重ねで構築されています。そのベースは2011年から4年半指揮を執った柱谷哲二元監督の時代にあると思っています。そこから西ヶ谷元監督に継承されていったように考えています。当時の水戸は守備の精度を高めて安定して戦うという意図があったように感じています。前からボールを奪いに行く形、ブロックを作る形、ゴール前で守る形の3つのトレーニングに関しては、私が水戸に来た時には確立されていました。そこのベースを活かしながら、精度をもっと高めようと思いました。また、相手のシステムに応じて、前線、ミドル、自陣という3つの局面での守備の精度を高めることにも力を入れてきました。

守備面でいうと、前からプレスをかけることが水戸のサッカーのベースです。そこで外されたら、全員が戻って、ゾーンの守備をしながらリアクションからアクションへの切り替えを早くする。引いて守る場合には堅く守る。できるだけ自分たちの陣形を崩さないようにすることが大事で、そのためにサイドMFが下がりすぎることなく、なるべく高い位置に置いて、4－4－2の形を維持することが大事。そして、ボールを奪ってから、サイドMFとFWが前に出て攻撃を仕掛けられるようにしたい。陣形を整えた状態で守ることを理想としています。

もちろん、その理想を崩すこともありますし、相手のシステムに合わせて、システムを変えることがあってもいい。上手に使い分けながら戦うことが大事です。ただ、ベースの部分は変えてはいけません。

2022シーズン、秋葉監督は「エリア3の守備」という呼び名で、ディフェンシングサードではマンツーマンディフェンスをするという守備を採り入れました。それは秋葉さんにとって新たなチャレンジでもありました。チームとして絶対はないですし、時代によって戦い方は変わるものなので、チャレンジや変化はあるべきだと考えています。大事なのはそのチャレンジがどうだったかという検証をしっかり行うこと。その上で次にどうするかを判断していきたいと思います。

水戸は伝統的にシステムがマッチアップする相手には強いけど、ミスマッチの相手には弱いという課題を抱えてきました。そこで、ここ数年はミスマッチの相手に対応できる柔軟性を持てるようなチーム作りに力を入れてきました。

プレーモデルはクラブとして一貫して持っていますが、強化部と現場で100%マッチしているかというと、濃淡があると感じています。西ヶ谷さん時代も長谷部さん時代も秋葉さん時代もそれは感じてきました。大切なことは、現場が向かおうとしている方向性と、強化部が考える方向性を常に議論しながら進めていくことだと思っています。これをしておけば大丈夫というものや、絶対的な手法など、存在しません。だからこそ、仮説を持ってそれをお互い共有しながら進めていくことが大切だと考えています。

プロファイルをもとにメンバー編成

水戸の強化部長に就任した２０１６年、スペインのバレンシアや元日本代表ＤＦ鈴木大輔選手が在籍していたヒムナスティック・タラゴナといったチームで強化部長を務めていたジョアンというスペイン人と会う機会がありました。当時はとにかく試行錯誤を繰り返していて、Ｊリーグの情報をインプットしないといけなかったですし、これからどういったチーム編成をしていくかについても考えないといけませんでした。それ以外にもプレーモデルもそうですし、各ポジションの個別のプロファイルも必要でした。その時、ジョアンにバレンシア時代のプロファイルを見せてもらったところ、自分が頭に描いていたものと似ていたんです。それを見て、自分が考えたプロファイリングを構築していこうと決めました。

ジョアンとはその後に3回ほど会って話をする機会がありました。そして、２０１７年に自分で作ったプロファイリングをジョアンに見せたところ、いくつか意見をもらいながらも、内容としては一定の評価をもらえたので、その時作ったものを水戸の各ポジションのプロファイリングのベースとしました。

たとえば、２０１６年は内田航平（現・徳島ヴォルテス）と兵働昭弘（現・清水エスパルス スカウト）がダブルボランチを組んでいました。どちらかというと、内田選手は守備的な選手で、兵働選手は攻撃的な選手でした。ダブルボランチに関して、守備的な選手と攻撃的な選手や守備的な選手同士を組み合わせるチームは多いです。でも、我々の場合、それでは主体的にゲームを進めることができませんでした。上位に行くためにも、どこかで主体的にゲームを進めるためのチャレンジをしないといけないと思っていました。

だからこそ、ボランチは攻撃的な選手同士で組ませたいという考えがありました。守備に関しては後天的に身につけることができますが、攻撃に関してはプロになってから伸ばすことは難しい。だからこそ、すでに高い攻撃能力を備えた選手に守備を身につけさせることによって、チームとしてレベルアップを図っていこうと考えました。

そこで、2017年途中に大宮アルディージャから期限付き移籍で小島幹敏を獲得しました。そして、2018年には前寛之を札幌から期限付きで獲得し、平野佑一を国士舘大学から獲得しました。攻撃的なボランチを揃えることによって理想のチームに近づくんじゃないかと思っていました。実際、前と小島がボランチを組んだ2018年は面白いチームになったと思っています。

守備に関しても、小島は苦手というイメージがあるかもしれませんが、元々運動量が豊富な選手ですし、ミドルサードでの精度の高い守備を構築してからは何度もボールを奪うことができるようになりました。J2の中ではクオリティーの高いプレーを見せる選手になったと思います。本人の才能、並びに努力があったことはもちろんですが、チームとして彼を抜擢できたのは、守備に関してのVOのプロファイリングがあり、先にも話をした個別にフィードバックをしてくれるコーチがいてくれることで、選手の成長角度は間違いなく高まったと思います。

なぜ、これまでとは違った選手特性の組み合わせを思い切ってチャレンジができたかというと、前述した通り、2年かけて（2016年～17年）各ポジションで作ったプロファイリングがあったからなんです。たとえば、2019年に松本山雅FCから志知孝明（現・サンフレッチェ広島）を獲得しましたが、彼は攻撃的なポジションでプレーする選手でした。しかし、水戸では左サイドバックにコンバートさせることにしました。そういう発想ができたのも、ポジション別のプロファイリングがあったからです。

また編成人数を定め、年齢や、タイプ別に各ポジションを想定することを昨今では「スカッド管理」と言われていますが、当時はそういう言葉がない中でプロファイリングを作っていたことによって、そういう考えの

左サイドバックへ志知孝明をコンバートさせることに成功できたのもプロファイリングのおかげ

チーム編成を行っていました。当然、攻撃と守備のどちらもできる選手が理想ですけど、水戸の場合は人件費の問題もあって、そういう選手をなかなか獲得することができず、どちらかに課題を抱えている選手がほとんどでした。ただ、前述の通り、守備が得意な選手がプロになってから攻撃の能力を伸ばすことは難しいんです。だからこそ、各ポジションにおいて、先天的に持っておいてもらいたい能力と後天的に身につけるべき能力についてプロファイリングの中で整理することができたので、思い切ってコンバートするチャレンジができたんです。

２０２０年夏に獲得したＭＦ鈴木喜丈（現・ファジアーノ岡山）もそれに近かったです。16年と17年にＦＣ東京Ｕ－23でプレーする彼を見て、絶対に獲得しようと思っていました。後天的に守備の能力を高めることができれば、大きく成長するだろうと思っていました。

彼の場合は水戸に来る前、２年間けがでほとんどサッカーができない状況だったこともあり、コンディションを上げることに少し時間がかかりましたが、水戸在籍2年半という時間の中で大きな成長を遂げてくれました。彼を獲得して育てることができたのも、プロファイリングがあったからです。

第3章

チーム編成について

採用、育成、評価を一気通貫で

強化部にとっての最大の仕事はチーム編成にあります。企業の人事の仕事で例えると、採用、育成、評価に分かれます。多くのJリーグクラブは採用と育成は分業になっています。スカウトが選手を獲得して、コーチが育てて、強化部長が評価するという役割分担をしているクラブが多いです。ただ、水戸の場合、その3つを一気通貫で行っています。私が採用しますし、育成にも関わりますし、評価して、フィードバックにもつなげます。その一気通貫はこのクラブの規模だからこそできていると思いますし、それがこのクラブにとってかなり重要だと考えています。大切なのは良い選手を獲得することだけでなく、その選手をしっかり育成して、さらに正しく評価していくことなんです。そこの意思疎通ができていないと、選手の成長の妨げになってしまいます。よって、今後、スカウトを置きつつも、現場で育成をする立場のコーチがスカウトして選手を獲得する方がいいんじゃないかという考えもあります。大胆な発想かもしれませんが、そういう体制にすることも一つの選択肢として持っておきたいと思います。

ただ、現在のところは違った形で、対応をしています。先ほどの、採用、育成、評価と言いましたが、育成と評価の間には「起用」も含まれます。ここの部分も、私は関わりを持ちます。起用というのは、何も公式戦に使うだけでなく、その手前のトレーニングマッチの起用にも、積極的に意見交換をしながら、こちらの評価、狙い、意図を現場の監督、コーチには伝えます。もちろん、監督、コーチの選手に対しての見立てや評価があれば、それを選手に私が直接伝えることもありますし、仲介人の方に評価や課題を共有することも非常に多いです。

獲得をしてきた選手に対して、責任を持つということは、このような事を日々、もしくは契約期間中に絶えずやり続けるということが内包されているのだと私は思っています。

経験値よりも情熱や学ぶ姿勢重視の監督選び

チーム編成と同じぐらい大切なのが監督選びです。監督に関して言うと、水戸ホーリーホックは「人が育ち、クラブが育ち、街が育つ」というクラブミッションがあり、クラブとして「育てる」という文脈を大切にしています。そういう意味で西ヶ谷隆之元監督がよく口にしていた『若手の育成とベテランの再生』という考えを少なからず今も踏襲しています。

基本的には若くて野心があって将来性のある選手を獲得しようと思っています。それは選手だけではありません。監督もコーチもトレーナーも同じです。経験値がなくても、情熱や学ぶ姿勢があれば、どんどん機会を与え、評価すれば、仕事を任せようと思っています。実績を気にすることなく、内面的な部分が前や未来に向かっていく人と一緒に仕事をしたいと考えています。

監督選びにおいても、そこは重要視しているところです。2018年にはそれまで監督経験のない長谷部茂利さんを監督に選びました。長谷部さん以外にも数人候補者がいましたが、ほとんど

2018年から2年間、覚悟と決意をもって監督を務めてくれた長谷部茂利元監督

が監督経験のない人でした。20年から3シーズンにわたって指揮を執った秋葉忠宏前監督に関しても、監督経験はあったものの、今まで監督として成功を収めたというわけではありませんでした。でも、監督としての資質はあると思っていましたし、水戸でのコーチ経験もあった。そして、何より本人が前向きで野心があった。なので、その時は秋葉さんにお願いすることにしました。

Jリーグ全体を見渡すと、実績のある人が監督を務めることが多く、監督経験のない人が抜擢されるというケースは少ないのが現状です。そういった流れに一石投じたい思いはありますし、日本サッカーが発展するためには新しい指導者が出てこないといけません。23年度から監督を務める濱崎芳己さんは決して若くはありませんが、プロのチームの監督経験はありません。今後もどんどん若くて志を持った指導者にチャンスを与えようと思っています。30代でJリーグの監督を務められるような流れを作っていきたいという考えを持っています。

私が強化部長に就任してから監督に選んだのは、長谷部茂利さん、秋葉忠宏さん、濱崎芳己さんの3人です。濱崎さんについては後述しますが、長谷部さんと秋葉さんに共通していたのは、監督をやることに対しての腹のくくり方。覚悟と決意ですね。それは監督にとって非常に重要な要素だと思っていて、タイミングを見計らっている人はあまり向いていないような気がします。なぜかというと、監督という職業は、近くで見てみて、自分でもやってみて思いますが、予定調和ということはまずありません。始まってみると、選手が突然けがをしたり、突然移籍が決まったり、選手同士が激しく衝突したり本当に色々な事が起こります。

そして、指導者をしていて、プロのチームの監督ができるチャンスは本当にわずかです。すでに実績もあり、監督経験がある方は別

2023年シーズンより新しく就任した濱崎芳己監督

として、オファーのボールを投げた時に、躊躇して迷っている人に、もう一度ボールを投げようとはなかなか思わないものです。

後から振り返ったらあれが監督としての最後のオファーだったということがきっとあるのではないでしょうか？　それほど、希少性の高い職業であり、同時にリスキーな職業であることを理解しているかどうかが大事だと思います。長谷部さんはオファーを出した時、まったく迷いがありませんでしたし、とにかく『ここに懸ける』という覚悟と決意がすごかった。

長谷部さんと秋葉さんは監督をすることにかなり強くコミットしてくれました。オファーを受けるにあたって、込み入った条件を出すようなこともありませんでした。基本的に私はヘッドコーチをセット条件にいれてくる方はその時点で人選から外しています。多少要望は聞きますけど、細々条件を出すような人を今はあまり選ぼうと思っていません。それがいい・悪いではなく、「変化」や「成長」を大切にする水戸には合っていないと思っています。常に自分を変えたり、異なる環境を受け入れたり、新たなことに挑んだり、そういうマインドを持って、クラブとともにサッカーを作っていこうという人にお願いしたい。自分のやりたいサッカーをやるのではなく、クラブと一緒にサッカーを作ってくれる人。そのための強い覚悟と変化を受け入れる柔軟性を持つ人を選ぶようにしています。

これまで何人もの人と面談をしてきましたが、その考えが変わったことはありません。むしろ、日増しに強く思うようになっています。

水戸ホーリーホックに合う人材

チーム編成に話を戻すと、選手を獲得する際、『水戸ホーリーホックに合う人材』について、特に最近は意識するようになりました。水戸はクラブとして一体感や親近感といったものを大切にしています。その中でプロサッカー選手の仕事は主に二つだという話を選手たちにはしています。一つはon the pitchの追求。二つ目はoff the pitchの発信。その二つに対して積極的に行動できる人が『水戸ホーリーホックに合う人材』だと考えています。

「追求」は受動的にやらされるものではありません。主体的に、かつ、能動的に自らの殻を破り、高みを目指すことです。そういうことができる人材かどうかということをよく見るようにしています。そして、選手にそれを言い続けます。さらに言うと、そのための機会を与えて、促しますし、その意義を伝えて、実感を持たせていきます。そうしたことは選手を獲得する際、必ず会って話をして伝えるようにしています。

最近、大学生や高校生を練習生として多く呼ぶようにしているのはそのためでもあります。どんなにいい選手でも、練習に参加してもらい、水戸の練習環境を見てもらうようにしています。そして監督や私とコミュニケーションを取ってもらうようにしています。同時に、私たちもじっくり見るようにしています。on the pitchでウチの選手との相対的な能力を見極めるようにしていますし、ピッチ内外でどんな振る舞いをするのかも見ています。

自分をしっかりと持っていた前田大然。ピッチ内でも圧倒的な存在感を魅せてくれた

以前は「Make Value Project」（※第5章参照）にも参加してもらうことがありました。練習に参加してもらった上で、その選手がどんな考えを持っているのか、どんな姿勢でサッカーと向き合っているのか、周りの選手とどんな関わりをするのかをよく観察してから獲得を決めるようにしています。

過去に水戸に在籍した選手で印象に残っているのは2017年に在籍した前田大然選手ですね。彼はサッカーに対する姿勢がぶれなかった。19歳にして、自分を信じてやり続ける強さを持っていました。動じないし、周りに変に媚びなかった。非常に自分をしっかり持っていた選手でした。しかもピッチ内では圧倒的な違いを見せていました。心身ともに飛び抜けた存在でした。

だからこそ、当時からIDPの体制をしっかり構築させることができていれば、彼はもっともっと高みにたどり着ける選手になったんじゃないかという思いがあります。

ワールドカップで得点を取るという偉業を成し遂げましたが、彼に当時一番習得をさせたかったのは、1対1でのフェイントのバリエーションです。当初から、スプリント回数、高強度での運動量は群を抜いてました。だから、IDPとして技術的なところの、仕掛けのバリエーションを増やせていたら、どうなっていたのかを個人的には見てみたかったです。

そして、最も『水戸ホーリーホックに合う人材』の一人として挙げられるのが黒川淳史（現・FC町田ゼルビア）です。彼は非常に水戸らしい選手でした。

2017年12月30日に東浦和のイオンで話をしたことを今でも覚えています。オファーを出した時は彼のプレー面しか知らなかったのですが、その時に会って話をして、本当に素晴らしいパーソナリティーの持ち主だということが分かりました。

若いけれど、謙虚で野心的な選手だと感じました。水戸に加入して、最初のキャンプでの取り組みを見た時点で、彼はこれから間違いなく伸びるだろうなと確信しました。彼自身も水戸の取り組みに対して非常に興味を持ってくれて、その意義をしっかり感じ取りながら行動してくれました。

彼が加入した2018年からMake Value Projectが始まるのですが、彼は第一期生として受けてくれて、彼の成長ぶりを見て、「こういう取り組みは響く選手にはすごく響くんだ」ということを実感することができました。

私自身、Jリーグの中で、これまでの常識では難しいとされていた取り組みに挑むことには実際不安もありましたし、社内でもまずは競技の結果から追うことが大事では？　という雰囲気や指摘もありました。しかしながら、黒川のように前向きに取り組んでくれる選手がいてくれたことと、その年に過去最高順位を収められたことなどもあって、この活動は意義があるんだという自信を得ることができたんです。そして、黒川のような選手を育てていくことがこれからの日本サッカーにとってすごく大事なことだと思うようになりました。

翌年に加入してきた森勇人（現・カマタマーレ讃岐）と村田航一、中山開帆もまさに「水戸らしい選手」としてチームの風土を作ってくれています。

水戸の活動に前向きに取り組み、プレー面だけでなく人間的にも成長を遂げた黒川淳史

選手を見る5つのポイント

選手獲得に際して、プレー面に関しては、まずは5つのポイントを見ることを大切にしています。

一つ目は「パススピード」。これはボールコントロールとセットになるのですが、良い場所にコントロールできると、強いボールを蹴りやすい。強くて質の高いボールを蹴れているか。理想はボールの中心を捉えて、グラウンダーの時にバック回転がかかるようなボールを蹴れていること。強いボールを蹴れているということはいいところにボールを置いているということですから、技術が高いことを証明していると考えています。

二つ目は「どこまで寄せることができるか」。間合いの詰め方で身体的な能力を見ています。相手のアクションに対して、どれだけ早くスムーズにリアクションを取れ、球際でボールを奪うことができるか。その身のこなしを見ています。また相手のボールを果敢に奪いに行く姿勢は闘おうとするメンタリティーにも相関しています。

三つ目は「後方へのステップワーク」。ここに関して、他のスカウトがあまり見ていないポイントだと思います。DFならば後ろに下がりながらの対応。FWならば、プルアウェイや反転しながらのプレー。そういうことをできているかどうかを見ています。ひとえに協調性、コーディネーション能力と紐付きます。かつてその動きを苦手としている選手を獲得したことがありました。それができていないから絶対に獲得しないというわけではなく、今はそこにフィジカルコーチとテクニカルコーチが一定期間関われば、後天的に身につけることができることができます。実際、その動きが苦手だった選手はその後克服して、今はＪ１でプレーしています。

四つ目は「有利不利のスペースを見つけることができるか」。スペースの概念はすごく大事で、自分がどのようにボールを運ぶと、相手の誰が出てきて、スペースがどこに生まれるかということを感覚として分かる選手を我々は『良い選手』だと定義づけています。ボールの持ち出し方に意図を持っているかどうか。また逆に守備の時には危ないスペースを消せるかどうか。そういったことも含めて、有利不利のスペースをどれだけ早く見つけられているかを見ています。

五つ目は『流れに応じた中でのプレー選択』。時間帯や状況に応じたプレーができているかを見ています。たとえば、最初の混とんとした流れを落ち着かせるのは誰なのか。チームが有利になるようなプレーを成立させたのは誰が最初だったのか。勇気を持って誰が仕掛けるか。ゲームというものは良い流れ、悪い流れがあるものですが、それを動かしているのが誰を見ようとしています。また、失点直後や終了間際、ミスした後などのプレーの選択ですね。

５つのポイントを見たうえで、各ポジションのプロファイリングに沿って、求める技術やプレー選択など特性を含めて選手を評価するようにしています。

「厚すぎず、薄すぎず」

そして、チーム編成する時に意識しているのは各ポジションにおいて「厚すぎず、薄すぎず」という考え方です。

水戸の強化部長に就任して、これからどうやってチームを編成していこうか考えた時、当時Ｊリーグで最も成功していた鹿島アントラーズの強化責任者である鈴木満さんがどういう考え方なのかを知るために著書を読んだんです。その中で「厚すぎず、薄すぎず」という言葉を述べていました。その考え方に感銘を受け、その後、私もその言葉をチーム編成の時には大切にしています。

監督からあるポジションの選手層を厚くしてほしいという要望を受けることもありましたが、厚くしすぎてしまうと、そのポジションの若い選手の出場機会が減ってしまうと考え、獲得を見送ったことは過去にあります。その判断が正しかったかどうかは分かりませんが、そこで起用されるようになった若手選手がその後主力に成長し、Ｊ１に引き抜かれる存在となりました。

「厚すぎず、薄すぎず」にすることのメリットは若手にチャンスを与えることに加え、チームの活性化にもつながると考えています。レギュラーを固定するのではなく、チーム全員が『頑張れば出場機会を掴むことができる』という意識を持たせて、競争を促すことがチーム力向上のためには必要です。圧倒的かつ絶対的なレギュラーが出てしまうと、チームはあまり活性化せず、硬直化してしまうところがあると思います。だから、常に循環するような状況にしておきたい。今のクラブの規模、今のクラブの立ち位置ではそういうチーム編成が大事なんだと感じています。特に今の若い選手が多いチーム状況では競争はすごく大事な要素だと考えています。

水戸は事業収入がJ2リーグで18位。資金力はリーグ下位レベルです。とはいえ、2018年から事業収入が1.5倍に増えており、2022年度の事業収入は10億円に届きそうなところまできましたが、数年前までは本当に経営的に苦しい状況が続きました。特に2018年にアツマーレが完成するまではチーム編成で苦労しました。2018年まで期限付きで選手を獲得する際もほとんどのケースで年俸の一部を相手クラブに負担してもらっていました。支度金すら満足に出すことができませんでした。交渉しているクラブに対して、我々から条件を提示した時、鼻で笑われたこともありました。そんな中でなんとかやり繰りをしていました。本当に苦しかったですね。

そして、私が強化部長に就任してから毎年大体30人ぐらいのチーム編成を行ってきました。良い選手を獲得するために、もっと人数を減らした方がいいという意見もありますが、人数を少なくすると、練習試合をあまり組めなくなってしまうんです。そうすると、若手の試合機会が減ってしまいます。18人がアウェイの試合に行った時でも、遠征に帯同しなかった選手とユース選手、練習生を少数加えて、試合を組める状況にしておきたいんです。そういった点でも、30人前後は必要になってくるんです。

ただ、人数が多いと、選手の平均年俸も下がってしまう。結果が出なければ、J3降格もあり得ます。少し前はA契約に満たない選手でJ2のレベルを超える選手が少なくとも5名以上いないと、チーム的に苦しくなる。でも、その年俸で、そんなレベルの選手を発掘するのは本当に難しいことなんです。すごく苦労しました。だからこそ、獲得した選手を絶対に活躍させないといけないと思っていましたし、そのためにも獲得して終わりではなく、強化と現場が一体になって、育成にも関わっていかないといけないとも思っていました。そのため、IDPを課し、試合に出られない時のメンタリティーを維持させるために、スタッフ全体で、頻繁に選手と対話をしてコミュニケーションを取るようにしていました。徹底して対話をすることによって、励ますこともできます。またダメな時には叱ることもできる。それを全員にやり続けました。その結果、下位に沈むことなく、毎年中位以上の成績を収めることができています。そして、多くの選手がJ1へと羽ばたいていきました。

「育成の水戸」の確立

選手獲得の流れが大きく変わったと感じたのは2019年。それまでは自分が現役時代にお世話になったクラブや人などのネットワークを使って選手を獲得していましたが、選手の立場で考えると当時の水戸に移籍することは怖かったと思います。当時はまだ選手を育てるための組織がちょうどでき始めていた時期でしたし、選手の中で水戸に移籍することは都落ちのイメージが強かったと思います。みんな、リスクを背負って来てくれていたと思います。だから、当時水戸に加入してくれた選手たちには本当に感謝しています。

積極的に若手を起用し、勝負にも固執する戦いを見せてくれた秋葉忠宏前監督

ただ、２０１９年に最終節までＪ１昇格争いを繰り広げたことによって、チームのイメージが激変しました。高校時代から将来を嘱望されながらも、プロに入ってから活躍できていなかった小川航基選手（現・横浜ＦＣ）が夏に加入してから得点を量産する活躍を見せたことも大きかったですし、他の若い選手たちも大きく成長してくれました。だからこそ、「水戸は選手を育ててくれる」という印象を他のチームの選手やサッカー関係者が持ってくれるようになりました。この頃から、交渉をしていても、相手の反応が変わったことを感じました。

そして、なんといっても２０１８年に完成したトレーニング施設「アツマーレ」の存在は大きかったです。２０１７年まではホーリーピッチという河川敷のグラウンドで練習していたのですが、土が硬く、芝の質も悪く、環境としてはお世辞にも良いとは言えませんでした。クラブハウスもなかったので、「その環境では水戸には選手を預けることはできない」と言われることもありました。しかしながら、アツマーレという素晴らしい施設ができたことによって、水戸の評価は変わりました。やはり、選手にとって大切なのは日々の練習の環境です。良いグラウンドと良いクラブハウスがあるチームでプレーしたいと考えるのは当然です。そういう点でアツマーレができたことは水戸にとっての大きなターニングポイントとなりました。

ただ、アツマーレを作る計画は僕が水戸に来る前からあったので、クラブの努力の賜物なんです。クラブとしてもリスクをかけて投資して練習場を整備しました。それは相当大変な決断だったと思います。そうしたクラブの環境が変わったのとチームとして結果がではじめたタイミングが合致したのが２０１９年でした。

そして、クラブとして経営的に上向いたことも関係しています。前述のような、相手クラブに年俸の一部を負担してもらうことは少なくなりましたし、支度金もある程度は準備できるようになりました。まだまだリーグ下位レベルではありますが、選手人件費も上がり、選手平均年俸も徐々に増やすことができてきています。

過去最高順位を記録した長谷部元監督は２０１９年で退任することとなりましたが、２０２０年に秋葉監督が来てくれたことも大きかったです。それまで年代別日本代表のコーチを務めていたこともあり、「育てながら勝つ」ということを体現してくれました。積極的に若手を起用しつつ、勝負にも固執する戦いを繰り広げてくれました。水戸の現状において、ふさわしい監督だったと思っています。

そして、毎年のようにＪ１に選手を送り出すようになり、２０２１年には1年間で5人もＪ１に移籍することとなりました。チームとしてはもちろん痛かったですが、それでも、上のカテゴリーに選手を輩出できるクラブというイメージを多くの人が持ってくれるようになりました。選手を育成するための取り組みの成果が出たと思っていますし、「育成の水戸」が確立したと思っています。もう水戸に移籍することを「都落ち」と考える選手はほとんどいなくなったという自負はあります。もちろん、リーグ全体で見た時、まだまだ苦しい状況であることに変わりませんが、着実にクラブも、チームも発展していると感じることができています。

第4章 アツマーレについて

廃校を再利用したリーグ屈指のトレーニング施設

2018年、水戸ホーリーホックにとって歴史的な出来事がありました。トレーニング施設「アツマーレ」が完成したのです。「アツマーレ」は2015年3月に廃校となった旧・城里町立七回中学校を再利用した支所・公民館・バーベキュー施設の機能を集約した複合施設で、水戸ホーリーホックはその施設の一部をクラブハウスや練習場として使用させてもらっています。

廃校を活用した行政施設とプロサッカークラブのクラブハウスを兼ねた複合施設は日本初の取り組みということで、スポーツ界から大きな注目を集めました。

2018年2月13日の供用開始に先駆けて1月28日に開催された竣工式と内覧会には、Jリーグの村井満チェアマン（当時）にも列席していただきました。

土だった校庭は天然芝グラウンド2面に変わり、校舎内は改修されて、J1ライセンスの基準を満たす選手のロッカールームやシャワー室、ミーティングルーム、トレーニングルーム、監督室、フロント事務所、プレスルームなどが設置されました。ただ、大きな下駄箱のある昇降口、渡り廊下、当時の本がそのまま残った図書室など至る所に校舎だった名残を感じさせる施設となっていて、今でもクラブハウスに入ると、学生時代を思い出してしまいます。

「アツマーレ」は城里町の支所や公民館としても利用されていることから、トレーニングルームは町民も使用できるようになっていますし、グラウンドも水戸ホーリーホック専用ではなく、市民の

天然芝のグラウンドが2面、自然あふれる場所に完成したトレーニング施設「アツマーレ」

方も使うことができます。練習後に地元の方々がよくグラウンドゴルフをして楽しまれています。地域の方々と交流できるのもアツマーレの魅力だと思っています。

いつもトレーニングジムにいらっしゃる方と仲良く話す選手たちの姿をよく見かけますし、時には差し入れをいただくこともあるようです。そういった触れ合いを我々は市民クラブとして大切にしていきたいと考えています。

アツマーレが完成するまで、練習場として使用していたのは水戸市水府町の「ホーリーピッチ」と名付けられたグラウンドでした。ホーリーピッチは２００６年に那珂川の河川敷に整備された水戸ホーリーホック専用の練習場でした。グラウンドは広く、水戸駅から徒歩10分という好立地にあることはよかったのですが、元々ホテルが建てられていた場所だったことから土が硬く、さらに散水機能を持たないことから芝生の生育に適しておらず、練習施設として〝良い環境〟と言うことはできませんでした。また、台風や大雨などで川が氾濫した際には水没してしまい、数カ月間使用ができなくなるというリスクもありました。そうした環境で練習する日々が続いていただけに、「アツマーレ」の完成は我々にとって念願でした。

アツマーレは水戸市街から車で40分以上かかる自然あふれる環境にありますが、竣工式に列席された村井チェアマン（当時）に「全54のJクラブの中でもトップクラスの設備。Jリーグ百年構想に基づいた一つの大きなモデルになる」と賞賛していただいたこの施設を最大限に活用することが我々の使命だととらえて、取り組んできました。

みんなが集まれる場所

そもそも私が水戸に来る前からアツマーレを作る計画はありました。ただ、就任当初は目の前のことに必死になっていて、中長期的な視野を持つことはできず、アツマーレをどうやって運用しようかというイメージや発想はありませんでした。ただ、それまでと比べて環境がよくなることは間違いないわけですし、2017年の途中ぐらいからアツマーレのことを意識するようになりました。そして、そのハード面を選手の為にどうやって最大限に活用できるかを考え始めました。練習後に食事できるようにしたい。フィードバックの映像を見るためのスペースやミーティングができるスペースも作りたい。そんなことを考えていたところ、2017年の夏ぐらいに、せっかく廃校を利用したクラブハウスができるのだから、その環境を活かした選手教育をやっていきたいというアイデアが出てきたんです。とにかく、シンプルにアツマーレを最大限に活用して、選手たちにできる限りサッカーに時間を費やしてもらうためにどうすればいいかを常に考えました。

とはいえ、設計などには関わっていません。唯一携わったのはウエイトトレーニング用の器具選びです。城里町側も意見を聞いてくれたので、筋トレ用の器具だけでなく、血流を促進することによって疲労軽減やけが予防に効果がある初動負荷用の器具の導入をお願いしました。

町民の方も利用できるトレーニングルーム

それはご高齢の町民の方にも効果的だというアドバイスをしたところ、購入していただけました。

それ以外にもアスリートが使用する器具を導入してもらうこととなりました。また、以前は大学から提供いただいていたGPSも今はハートレイトモニターとともに自前で導入しています。

最近クラブで購入したのは超低温のアイスバスと筋肉の強い緊張などをほぐす衝撃波というの治療器具です。あとはアイシングシステム。それらは2021年夏にJ1チームに選手が移籍した際の移籍金を使って購入しました。その他にも、月に一度、東京からトレーナーに来てもらうなど選手には良いケア環境を整えています。

また練習後に昼食を提供するようにもしています。これはすごく大きいことです。練習後、すぐに食事を摂ることは体力回復にも栄養補給にも効果的ですし、けがの予防にもつながります。そして、昼食を食べるために、一度家に帰ったり、出かけたりすることがなくなり、コミュニケーションを取る時間が増えました。J1クラブでも昼食を提供していないクラブがあるそうですが、そこはクラブハウスを作る際に絶対に導入しないといけないと思っていたところでした。これからはさらに食事の質にもこだわっていきたいと思っています。

それまで練習場として使っていたホーリーピッチにはクラブハウスはなく、近くにある選手寮でシャワーを浴びたり、ミーティングを開いたりしていましたが、基本的に練習が終わると、すぐに選手たちは分散してしまうことが多かった。練習が終わって食事に行ってから選手寮に戻ってきてケアを受ける選手もいましたが、全体的に滞在時間は短かった。コーチングスタッフも練習が終わったら、食事に行って、離れた場所にある事務所で集まるという感じでした。とにかく選手同士、選手とスタッフがコミュニケーションを取る機会が少なかったんです。だからこそ、みんなが集まれる場所を作りたかったですし、先ほど言ったように、選手同士で映像を見る場所や複数人が同時にマッサージを行える場所を作りたかったんです。

選手のスケジュールをデザイン

クラブハウスに滞在するその時間の中でできる限り質の高い時間を選手たちに費やしてもらうことを考えました。言葉が悪いかもしれませんが、クラブにとってサッカー選手はある意味、商品なんです。高品質の商品にするためにも、品質管理は大事です。だからこそ、クラブハウスで提供する時間の質や内容を高め、できる限り、長くクラブハウスで過ごしてもらうようにする。それが選手のパフォーマンスアップにつながり、チームの成績向上につながると考えています。そういう観点でアツマーレの活用方法を考えました。

11年間プロサッカー選手として活動しましたが、クラブハウスを持っていたのは北海道コンサドーレ札幌だけでした。浦和レッズも大宮アルディージャも当時はまだ今の環境が整っておらず、プレハブのクラブハウスを使っていました。それで、キャリアの最後に北海道コンサドーレ札幌に移籍した際、クラブハウスがあって、一つの場所にみんなが集まるという経験をして感動したのを今でも思えています。そういう環境がチームを強くするんだと確信しました。だから、それ以降、サッカー選手にとって望ましい時間の過ごし方は何なのかを突き詰めて考えるようになりました。その過程で考えたことはアツマーレを活用する際のヒントになったと思っています。練習が終わった後の時間を良い意味でスケジュール管理してあげることが大切なんです。

ちなみに私の現役時代は練習が終わった後に自主トレや筋トレをしていましたし、夜には必ずケアを受けていました。24時間をサッカーに捧げる生活をしていました。on the pitchのトレーニングと同じぐらい、ウエイトトレーニングやケアにも時間を割いていました。あとは学ぶ時間と人との交流の時間も大切にしていました。そうしたことをヒントにして、水戸の選手のスケジュールをある程度デザインしていこうと考えました。

理想は選手個々のスケジュールを決めること。そこまでしたいんですけど、まずは業務フローを作ることから始めました。どの曜日に、何を行うかということを各々が決める。筋トレで体を大きくするべき選手は週に3回ぐらいウエイトトレーニングを入れる。それ以外にも英語の時間や異業種の人と会う時間も決める。それぞれが1日の業務フローをしっかり作って、過ごし方を決める。それが成功の確率を高めることにつながると思っています。

遅い選手で毎日16~17時ぐらいまでクラブハウスにいます。ウエイトトレーニングの時間も順番を決めています。4人いるトレーナーのうち理想的には2人、少なくとも1人はウエイトトレーニングを見ることができるんです。同時にケアに関しても、希望すればだれでも受けられるようにしています。だから、選手のスケジュールだけでなく、トレーナーのスケジュールも決めて、うまくケアとウエイトのスケジュールを組むような体制を作っています。そういう業務フローができつつあります。

そして、練習の映像をすべて撮影してデータ化し、練習後すぐにクラブハウス内で見られるようにしています。たとえば、紅白戦の時に連係でうまくいかなかった場面があったとします。その後、選手同士で話をして考えをすり合わせても、そもそも2人のイメージが異なっているかもしれません。そういう意味でも、練習後に2人で映像を見ることによって、プレーを共有して、改善することができるようにしています。それが質の向上につながるのです。

選手が成長するために大事なのはフィードバックです。試合で起きたことをそのままにするのではなく、ちゃんと映像で見直して、確認し、改善につなげていくことが重要なんです。だからこそ、公式戦だけでなく、練習試合でも、1試合通して映像で自分のプレーを振り返ってもらって、その分析レポートを提出してもらうようにしています。そこに関しては実施率100％ではありませんが、若手の多くは取り組んでくれています。毎年、取り組む選手の人数は増えています。これからはさらに質を高めていきたい。

「技術」「フィジカル」「メンタル」「戦術」の4要素のうち、フィジカルと戦術に関しては、だいぶ効果的に取り組むことができているという実感があります。「メンタル」に関しては、1on1面談がそれにあたると思っています。自分が何のためにサッカーをするのかを自覚することが大切です。つまり、自己認識を高めていくことです。それがメンタル面で一番重要だと考えています。面談に関しては、何のためにやるのか？という大義を問う面談と、日々何をするのかという、on the pitch面の課題を明確にする面談も昨年から始めました。「技術」に関しては、先ほど話をした通り個別化に力を入れています。全体練習でも自主練習でも、チーム、グループ、個人の部分をそれぞれ精度高く設計していく。選手の能力開発をするためにも、どの選手を集めて個別トレーニングをするとか、そういったことをより的確に設計できるようにしていきたいですね。

クラブとしての一体感を育む場

そして、アツマーレの特長として挙げたいのが、様々なコミュニケーションが育まれる施設だということです。たとえば、クラブハウスの一番奥にはコーチングスタッフの部屋があるのですが、その手前にはもうひとつ部屋があり、普段は面談部屋として使用することが多いんです。そこに監督が選手を呼んで話をしている光景をよく目にします。それと、映像部屋にコーチが行って、選手と一緒に試合を振り返ることも当たり前のように行われています。選手同士だけでなく、監督やコーチングスタッフ、メディカルスタッフとコミュニケーションを密に取ることによって、チーム全体の考えを共有することができるようになると思いますし、一体感が醸成されていくんだと思っています。

また、アツマーレはクラブハウス内にフロントの事務所があり、フロントスタッフともコミュニケーションを取れるんです。これはホーリーピッチではあり得なかったことです。

フロントスタッフがグラウンドの選手を見ることも大事ですし、選手たちがフロントスタッフのオフィスワークの様子を見ることも大切だと思っています。重要なのは、それぞれが一緒にいる、繋がっているという実感を持つこと。フロントと現場が分断されているクラブはたくさんあると思います。その分断を防ぐためには、お互いの仕事をしている姿を見ることやお互いにコミュニケーションを取って、お互いにの考えを相互理解することだと思うんです。後述の「Make Value Project」はその一環ではあるのですが、フロントスタッフの日常を知り、フロントスタッフの想いに直に触れることによって、「自分がサッカーをする意義」、ひいては、「勝利の重み」などを理解していくんだと思います。

また、フロントスタッフの働いている姿を日常的に見ているからこそ、水戸の選手の多くは広報活動に出ることやホームタウン活動に積極的に取り組んでくれるんです。そういう良い相乗効果が生まれていると思っています。

Jリーグでプレーする選手の多くは事業部スタッフの顔や名前を知らないのではないでしょうか。社長の顔を知らない選手も多いという話もよく聞きます。でも、水戸は社長と選手がフランクに話をしますし、事業部のスタッフとも仲がいい。移籍した選手が対戦相手としてケーズデンキスタジアム水戸に来た際、コーチングスタッフだけでなく、フロントスタッフに挨拶しに行くことは珍しくないですからね。そういう関係を築けることがアツマーレという施設の特長だと思っていますし、それが「水戸らしさ」を作り出していると思っています。

サッカー選手はサッカークラブにおける「部分」なんです。広報も「部分」だし、営業も運営もホームタウンも皆「部分」なんです。その「部分」がつながって「全体」になっていく。それを促すハードがあることは大きいと思っています。クラブハウスは本来、様々な人（部分）が交流して、お互いの存在を感じ合うという大切な機能があるのではないでしょうか？

1993年にプロ化したJリーグでしたが、最初にサッカーのクオリティーを高めるためにはまずはサッカーに集中する「プレーヤーズファースト」という言葉を頻繁に耳にしました。また、Jリーグバブルもあり、雲の上の存在、遠い憧れを意識するあまり、勘違いした選手や、背伸びをし過ぎた選手もいたのではないでしょうか？「プレーヤーズファースト」「サッカー第一」という言葉の解釈は、本来大切にしないといけない意味合いを上手に内包できなかったように感じています。

第5章

選手教育プログラム『Make Value Project』

水戸ホーリーホックでは、「人が育ち、クラブが育ち、街が育つ」というクラブ理念を具現化した独自の選手教育プログラム「Make Value Project（ＭＶＰ）」を２０１８年から実施するようになりました。連戦の週を除いて、１回90分間もしくは１２０分間の研修です。多いシーズンだと年間約32コマ、少なくとも、23コマを実施してきました。

今、スポーツ界では、選手のセカンドキャリアについての問題が語られることがあります。その要因としては、限られたコミュニティーの中でエリートとしてキャリアを歩んできたプロスポーツ選手たちに社会性や一般教養が身に付きにくいという課題が指摘されています。

逆を考えれば、当たり前なのですが、プロサッカー選手になるような人は、ほぼ例外なく小学生の低学年頃（最近では幼稚園の年代から）からサッカーに打ち込み、他の人より、時間をかけて集中的に取り組んだから、そこの分野のエキスパートになれたのです。一次的に限定的なコミュニティーになってしまうのは、むしろ必然と言えます。また、学生時代は、学業の時間があります。さらにエキスパートになるための時間とは別に、視野を広げる時間を安定的にとることは、かなり難しいと言えます。

しかし、プロサッカー選手になると今度は逆に、自分で使える時間が格段に増えていくのです。その構造に気付き、２０１８年から選手を様々な角度から成長させる機会として、ＭＶＰという人材育成プログラムを立ち上げました。

前チェアマン・村井満さんの言葉

MVPでは「多様性と交流」をキーワードに、クラブスタッフ、専門領域のスタッフ、異業種で活躍する方々など、様々な人の「日常」「価値観」「使命感」に触れる機会を作ります。

それと同時に、自分が、サッカーに関わる目的、仕事への考え方を問い続けながら、自分の在り方、プロスポーツ選手としての職業価値や地域社会における存在価値に対する気づきを促す事を目的に講義を実施し始めました。

しかしながら、2018年に1年間講義をしてみて、これまでのJリーグ関係者からは、選手向けにそのような活動をできたこと自体

様々な分野から講師を招き、選手が知見を得るためセミナーを定期的に開催した

Make Value Projectの短期・中期・長期目標とその狙い

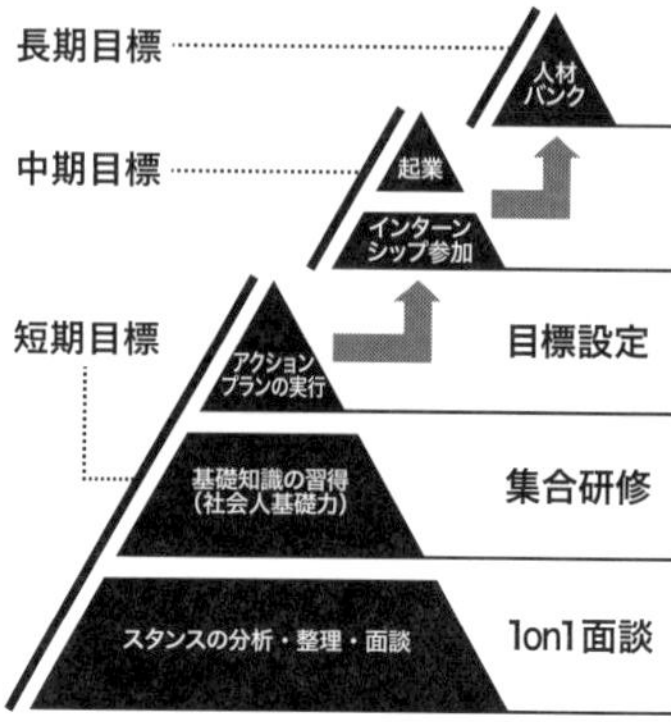

アスリート界のキャリア人材バンク

水戸ホーリーホック選手から着手し、将来的にはサッカー選手のみならず、様々な優秀なアスリートが集い、相互に学びながら、社会に貢献、活躍できる人材を輩出する枠組みとなることを目指します。同時に、クラブミッションの1つ「街が育つ」の体現を目指します。

企業インターンシップへの参加・起業

シーズンオフの時間を活用して、プログラムにご協力いただく企業様へのインターシップを実施し、サッカー界以外の異業種、人に触れる機会を数多く創りプログラムの価値とアウトプットの機会を向上させます。

アクションプランの策定・実行

選手一人ひとりが、スタンスと知識を学ぶとともに、具体的な行動計画と目標設定を行います。年間数回の振り返り面談を実施することで個々の成長を可視化できるようにします。

基礎知識（社会人基礎力）の習得

経済産業省が定義する、社会人における3つの能力12の要素を基軸とした基礎知識の習得を目指します。3つの能力と12の要素をサッカー競技における状況やプレーシーンに合わせて翻訳して、講義内容に落とし込み、選手の理解度を深めます。　**講義コマ数**：月2回　全10～12コマ(予定)

スタンスの分析・整理・面談

選手一人ひとりのベースとなる使命感、考え方、価値観、特性、可能性を分析して整理する為に、専門家が個別面談を継続的に実施します。　**実施回数**：1名5回／年　面談実施(予定)

2018年前半のMake Value Projectの実績一覧

月	日　程	担　当	内　容
2・3月	2月25日（金）	西村卓朗	クラブの歴史について
	3月4日　（金）	沼田邦郎会長	クラブの歴史について
	3月11日（金）		連戦〈3月9日（水）大分戦A〉
	3月17日（木）	蜂屋氏	マインドフルネスについて
	3月24日（木）	辻先生	
	3月31日（木）		連戦〈3月30日（水）栃木戦H〉
4月	4月8日　（金）	営業部	営業部の日常、価値観、使命感
	4月15日（金）	エゴスキュー加藤氏	身体のケアーの仕方について
	4月21日（木）	辻先生	メンタルトレーニング フロートは?
	4月28日（木）		連戦〈4月27日（水）長崎戦A〉
5月	5月5日　（木）		連戦〈5月4日（水）岡山戦A〉
	5月12日（木）	磯崎自動車工業(株)	合同研修
	5月19日（木）	浦島光雄さん	OB講話 現役時代に感じたこと 引退後の日常について
	5月26日（木）		連戦〈5月25日（水）新潟戦H〉
6月	6月2日　（木）		連戦〈6月1日（水）天皇杯2回戦〉
	6月10日（金）	和敬寮	児童養護施設の方からの講話
	6月16日（木）	(株)アダストリア	合同研修
	6月23日（木）	日鉱記念館	企業訪問
	6月30日（木）	辻先生	メンタルトレーニング

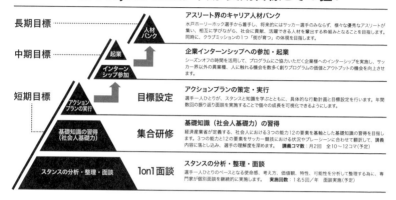

は評価してもらえましたが、目的は数をこなすことではなく、選手自身の変化、行動変容であると考えていたので、自分の中ではまだまだ物足りなさを感じていました。

そこで、2019年からは1on1面談を導入しました。前チェアマンの村井満さんはJリーグの新人研修の冒頭で、このような話をします。

夢であったプロサッカー選手になれたことを讃えて、労いつつ、続けて

「あなたたちは個人事業主です。1人の経営者です。」

「あなたが、経営者として、大事にしている、ミッション、ビジョン、バリュー（MVV）は何でしょうか？」

「あなたは何のためにサッカーをするのでしょうか？」と。

自分も現役時代は、「試合にレギュラーで出ること」「試合に勝つこと」「海外でプレーすること」「日本代表になること」を目的化して、サッカーに打ち込んでいました。

でも、今挙げたようなことは、目標であって、目的ではありません。好きだから、得意だから始めたサッカーが、あるときから仕事になり、その仕事を通して、自分は何に貢献したいのか？　それはなぜなのか？　どれだけ強く思えているのか？　どんな体験からそれを思うようになったのか？　自分はそれを誰（顧客）に届けたいのか？　など自分の内発的動機、自分を突き動かす原体験を自覚することを仕組みとしてやるためにどうしたら良いかと考えて、たどり着いたのが、この1on1面談からのMVVの言語化でした。

大手企業から内定をもらいながらも、サッカー選手の道を選び、明治大から加入した村田航一

1on1面談のことをいろいろ調べてみると、先進的な企業ではすでに早くから導入されていますし、企業のエグゼクティブなど位の高い方々などは、ここに高額な費用をかけて、自己認識を深めていることなどを知りました。水戸ホーリーホックにせっかく来てもらったのだから、選手たちにはその機会を是非作っていきたい思い、実施を決心しました。

これもあとから、やってみて思うのですが、この自己認識を深めていくことがサッカー選手として高めていきたい4つのキーファクターのひとつである「メンタル」を強くしていくことの第一歩になると今は考えています。

ここで具体的に水戸ホーリーホックの選手を紹介します。

村田航一は明治大学卒業後に大手企業から内定をもらい、一般就職か、プロサッカー選手かの選択肢を持つ中で、サッカー選手を選ぶという自己決定をして水戸ホーリーホックに加入してきた希有な選手です。2018年の練習参加の時期にはMVPも受講してもらいました。2019年に加入し、今では5年目を迎える、古参選手となりました。

クラブのMVVを理解し、自分自身のMVVをそこに重ね合わせて、1年、1年じっくりサッカーを通して、自分と向き合う姿勢が印象的です。彼のような人間は、おそらくどこの分野にいっても、軸があるため、歩みを進めていける。信頼に値する選手であり、人であります。

森勇人もMVPの2期生でもあり、またMVVの面談も数年にわたり受けてきた1人です。彼のoff the pitchの取り組みは面談を通して、自分を見つめ直す中で自ら気付き、自らの意思で行い始めたことです。まさしく行動変容まで行き着いた事例の1人です。

森勇人に関しては、off the pitchの活動にフィーチャーされることが多いですが、on the pitchの追求に関しても、非常に模範的な選手でした。誰よりも早く来て、その日の練習の準備をする。まさしくブレずに、水戸ホーリーホックの在籍期間中はそれをし続けました。

長くサッカー選手を続けていくと、うまくいかないことが多い。それは何もサッカーに限らず、人生というものはそのようなものかもしれません。けれども、うまくいかないときにこそ、信じて前に進もうとすることが大事なんです。すなわち『メンタルの強さ』とは、「立ち返る場所」「ぶれない心」「志」「自分の軸」などなど、いろいろ言い方はあると思いますが、自分がそれを強く欲する理由や、意味を深く認識していることである、ということだと自分は考えています。

誰よりも早くグラウンドに来て、練習の準備をしていた森勇人は模範的な選手の一人だった

Jリーグキャリアサポートセンターでの体験

この後に話す内容は少なからず、MVPを立ち上げるきっかけとなった自分の原体験があります。今振り返ると、自分のサッカー人生、現役時代はなかなかうまくいかないことの連続でした。浦和レッズ加入から数年、試合にまったく出れず、もがき苦しんでいた時に、Jリーグキャリアサポートセンターの方々との出会いがあります。実際にはうまくいかない選手のその後のセカンドキャリアの支援を行うための組織だったと思いますが、その一環でオフシーズンに行う、他の業界へのインターンシップがありました。

自分は2003年から5年間ほど利用させていただき、計7社を見ることができました。思い出すのは、まず11月30日の契約更新があるかないかを怯えながら過ごしていたこと。そして契約してもらえるかどうかという、まさしく目の前のことに心のすべてを奪われ、12月に入ると契約更新の安堵感と共に、緊張の糸が切れて、よく体調を崩していたことを思い出します。

12月に入り、キャリアサポートセンターの取り組みでインターンシップを活用して、他の業界の業務、そこで働く人たちの仕事への姿勢や、想いなどに触れていくと、不思議とこれまで自分の中で固定化されていた視点が外れたり、視野が広がっていったりという感覚がありました。オフの期間にサッカーから少し離れ、自分の事を他の業界の方々と相対的に見て、フィードバックをいただいたりする中で、プロサッカー選手の特異性などに気付きを得たことなどが何度もありました。

そのような時間の過ごし方をしていると、次のシーズンへの意欲や、具体的なアイデアが生まれることや次の年を迎える頃には「よし！やってやる！」という前向きな気持ちになるという実体験がありました。

Jリーグキャリアサポートセンターでは、中村裕樹さん、八田茂さん、松沢緑さんなどに大変御世話になりました。その後、神田義輝さん（株式会社Criacao）、山内貴雄さん（一般社団法人APOLLO PROJECT）とは、新人研修や水戸ホーリーホックでの取り組みでご一緒する事になります。キャリアサポートセンターの取り組みを経て感じたことは、目の前のサッカー選手という時間に集中するためにも、他の部署や他のレイヤーの方々はもちろん、他の業界の方々との交流が重要だということです。それにより、固定化された視点が外れ、視野が広がり、次第に視座が高まっていくのです。そのような機会が増えていくと、だんだん目の前の人生が切り開かれていく。そんな感覚がありました。だから、自分が経験したような取り組みを水戸で行ってみたいと思ったんです。

Make Value Project 立ち上げに向けて

キャリアサポートセンターの制度は２０１１年に終了してしまいましたが、その時にある人が「この制度は本来Ｊリーグがやるべきことではなく、各クラブがやるべきだ」と言っていたことも印象に残っていて、確かにそういう機能がクラブにあることは理想的だなと思ったんです。同時に、現在Ｊリーグはヨーロッパの主要リーグに追いつくことを考えるとともに、ヨーロッパとの差別化も考えていかなくてはなりません。その時に「世界で最もヒトが育つリーグ」というキーワードはこれからの日本サッカーに関わる人が心に留めておかなければならないことだと思います。２０２２年から発足して、メンバーに入れていただいているフットボール委員会（※Ｐ１７２参照）では、そのような事も議論されます。

私の場合は前述の方の言葉を聞いて、また自分が経験して、その通りだと思って、いつか自分がマネジメントする立場になったらその機能を作ろうと思っていたことが、今回のＭＶＰを立ち上げに関係しています。

ただ、いきなり導入することはできませんでした。前述の通り、就任当初は現場で結果を出すことに必死で、強化に特化した活動をしていました。西ヶ谷監督からの信頼を得るためにも、何かを大きく変えるよりも、まずはチームをいかに良くするかということに注力しました。

そして、2018年、アツマーレが出来たこともあって、そのタイミングで思い切って、ずっとやりたいと思っていたことを試してみようと思ったんです。実は2017年の時からいろんな選手の意見を聞きながら、どうすればそういう取り組みを楽しくできるかという意見を聞いていました。『練習後は何をしている?』とか、『何曜日は何をしている?』とか、『この時間をどう過ごしているのか?』といったことを選手に調査していました。すると、練習後にカフェに行って時間を潰す選手が思いのほか多かったんです。だったら、その時間に彼等のためになるようなことをすれば、時間を取ってもらえると思ったんです。17年10月ぐらいからどういう内容にするか、どうやって運営していくかということを、監督交代の人選、選手編成の傍らで準備し始めました。

私がJリーガーだった時、『プレーヤーズファースト』という言葉が流行りました。この言葉自体が『サッカーが第一』『選手第一』みたいな解釈をされていたんです。この言葉は外部の人たちが考える言葉であって、選手本人が思うべき言葉ではないんです。逆に選手がその言葉を振りかざしているのを見て『何か違うな』と当時、感じていました。もう一つ同じような言葉があります。それは『サッカーに集中する』という言葉。サッカーへの集中というのは、サッカー以外のものを排除するというような考え方を想起させます。サッカー至上主義的な考え方になるのですが、私はキャリアサポートセンターを通じて、視点を変えることによって、視野が広がり、視座が高まることを実感していました。それによって、サッカー選手としての価値が高まると思ったんです。サッカーだけに集中することが必ずしもサッカー選手として価値を高めることではないということを現役時代から感じていました。

また、すごく重要なのが水戸ホーリーホックのクラブミッションでもある『人が育ち、クラブが育ち、街が育つ』という言葉。これは萩原武久顧問が作った言葉ですけど、その言葉が水戸ホーリーホックの理念を表現しているのです。

選手を育てることを水戸はクラブとして大切にしています。ただ、『選手の育成』とは何かというと、試合に出て活躍してＪ１に引き抜かれることだけではないんです。もっと本質的に選手を育てるための確固たるプログラムを作ることだと考えました。その一つとして、立ち上げたのがＭＶＰでした。現役時代、選手会が外部の人を呼んでの講演会やＯＢ講話などを開催していましたが、それらは一度話を聞いてその時は良いと思っても、なかなか、日常を変えていくことには至らなかった。もちろん無駄ではなかったと思います。だからこそ水戸ホーリーホックではもっと、意図的に、再現性を持って、定期的にそういう機会を作ることによって、選手たちに行動変容を起こしてもらえるようにしていきたいと考えていました。

そして、ＭＶＰを立ち上げた経緯はキャリアサポートセンターに行っていたことだけでなく、Ｊリーグの新人研修の講師を２０１４年から8年間務めたことも大きく影響しています。

当時は村井満チェアマンの冒頭の講演がいつも楽しみでした。でも、それだけ良い内容の新人研修をやっても、選手たちを目の前で見ていると、シーズンがはじまるとどんどんその意識が薄れてしまうんですよ。なぜかというと、Ｊリーグの新人研修自体が集合研修で、シーズンがはじまると日常に戻ってしまう。薄れなくするためには定期的に研修をすることが必要で、私もＶＯＮＤＳ市原時代にいろんな会社の経営者の方と接しさせていただいた中で知ったのですが、普通の企業では当たり前のように、スキルセットやマインドセットの研修を定期的に行っているんですよ。でも、サッカー界は定期的な研修がありません。それはなぜなんだろうと漠然と思っていたんです。だからこそ、やってみたいと思っていたんですけど、そういうことを口にすると、「今までどのクラブもできていないんだから、できるはずがない」とか、「選手が嫌がるよ」とか、いろんな人に散々言われました。でも、ここでやらなきゃ、自分が経験してきたことの意味がなくなってしまう。そして、やり方によってはできるんじゃないかと思って、水戸に来てから構想を試みました。

そもそも、きっかけはＪリーグの新人研修で、最初は定期的に集合研修を作ることが目的だったんです。２０１８年に立ち上げ、その年は年間26回講義を行うことができました。すると、Ｊリーグの人たちの中で注目してもらえるようになりました。「Ｊリーグクラブでそれだけ定期的に学ぶ場を作るなんてあり得ない」。そう言われてきただけに、実現できたことに対して充実感はありました。

ＭＶＰを実施するにあたり、ゲストを呼んで講義をしてもらうことと共に、カリキュラムの開発を行っていました。その中で、定期的に行うこととなったのが、「社会人基礎力」というものです。このフレームワークとの出会いはキャリアサポートセンター時に出会った中村裕樹さんがきっかけです。

２０１８年に手探りでＭＶＰを立ち上げました。最初の1か月ぐらいは計画的に誰を呼んで、どういう内容にするかをしっかり決めていたんですけど、それ以降は本当に自転車操業で、次の回に誰を呼ぶのかが決まっていなくて焦ることもよくありました。急遽、クラブスタッフにお願いすることもありました。そこで、今後どのように運営していけばいいかを、キャリアサポートセンターの立ち上げに携わられた中村裕樹さんに相談しに行ったことがありました。当時はオリンピックに関わる組織で働かれており、オリンピックに出場するアスリートのキャリア支援に関わられていました。その中で教えていただいたものが『社会人基礎力』だったんです。

「社会人基礎力」とは経済産業省で社会人に必要な能力として定義されているもので、それを知った時は本当に目から鱗でした。２０１８年は大げさではなく、1日1回は社会人基礎力の図を見ていました。水戸でもそれを使おうと思って、２０１９年から導入することにしたんです。

毎日見ていると、ひとつ気になる事が出てきました。その図では、能力がまず3つに分類されて

社会人基礎力

前に踏み出す力

一歩前に踏み出し、失敗しても粘り強く取り組む力

action!

アクション

主体性
物事に進んで取り組む力

働きかけ力
他人に働きかけ巻き込む力

実行力
目的を設定し確実に行動する力

考え抜く力

シンキング

課題発見力
現状を分析し目的や
課題を明らかにする力

計画力
課題の解決に向けたプロセスを
明らかにし準備する力

創造力
新しい価値を生み出す力

thinking!

疑問を持ち、考え抜く力

チームで働く力

発信力
自分の意見をわかりやすく伝える力

傾聴力
相手の意見を丁寧に聴く力

柔軟性
意見の違いや立場の違いを理解する力

情況把握力
自分と周囲の人々や
物事との関係性を理解する力

規律性
社会のルールや人との約束を守る力

ストレスコントロール力
ストレスの発生源に対応する力

多様な人々とともに、目標に向けて協力する力

チームワーク

Teamwork!

います。「前に踏み出す力」と「考え抜く力」に対して3つの能力要素があるのですが、「チームで働く力」の能力要素は6つ記されていたのです。どうせだったら、各4－4－4でいいんじゃないかと疑問を抱くようになりました。

それからというもの、自分の中で、それがとても気になる事実として、どうしてもその理由を突き止めたいという衝動に駆られました。

経産省の中にこれを作った人がいるわけだから、その人に会って、その理由を聞いてみたいと思っていたんです。ただ、思っているだけでは会えないので、繋がりそうな様々な業界の方に会うたびにそれを口にしていたんです。そしたら、ある時、ある人からたまたま「これから経産省に行くので、一緒に行きますか?」と誘われたことがありました。

お言葉に甘えて一緒に付いていって、経産省の方に社会人基礎力について熱っぽく語ったんです。その中で『今は選手教育をやるにあたって、これをプログラム化したいから、社会人基礎力を作った人に会いたい』という思いを伝えたら、『あの人ですよ』と紹介してくれたんですよ。それが、能村幸輝さんという方でした。そこでお会いすることができて、自分が抱いている疑問をすべてぶつけました。そしたら、すべて教えてくれたんです。

能村さん曰く、社会人基礎力を作るにあたって、徹底していろんな人からインタビューを取ったそうです。サラリーマン、経営者、アスリート、教授、発明家など様々な人から話を聞いて、その人がなぜ成功したのか、また、その礎は何なのかを聞いて、必要な能力要素を分類していき、それを3つの能力にまとめたのが、「前に踏み出す力」と「考え抜く力」と「チームで働く力」。そこからさらに12の能力要素に分解されているのですが、なぜ3-3-6なのか？ということを質問したら、『いいところに気づきましたね』と言われて、『よく見てください』と図を見せてもらったんです。「前に踏み出す力」が左にあって、右側に「考え抜く力」があります。その下に「チームで働く力」があるんです。その「チームで働く力」は6つの能力要素で成り立っています。すべてひも解いていくと、社会人として成功にたどり着くためには「チームで働く」ことがベースとなっているんです。だから、能力要素が多くなっている。その上に「前に踏み出す力」と「考え抜く力」が乗っかっているんです。その回答もまた目から鱗でした。さらに、日本人が弱いのは「前に踏み出す力」だということも教えてもらいました。

能村さんの考えを聞いて、自分の中ですごく納得できたので、この12個の能力要素を一つずつMVPでやっていこうと決めたんです。それを2019年にカリキュラム化しました。

我々はサッカークラブですけど、社会の中で活動しています。だから、当たり前ですが、我々も選手も社会人なんですよ。従って、我々は社会で活躍する人間を育てないといけないんです。よく「社会人として」という言葉を枕詞として使うことがありますけど、そもそも社会人としての能力要素が分からないのに、社会人としてのゴールを示すことはできません。それを経産省が定義しているのならば、それを答えにすべきだと考えたんです。そういう流れで「社会人基礎力」にたどり着き、MVPの中でも2019年はシリーズ化していったわけです。

自分と向き合う大事な時間

ＭＶＰのバリエーションはさらに、広がっています。クラブスタッフや、専門的な人、異業種の方をゲストに招いて行うことが一般的ですが、パートナー企業の社員の方々を巻き込んで学ぶ機会を共にする合同研修の数も10回程実施しています。

さらに２０２２シーズンは経営企画室の瀬田元吾発案のMake Value Project 2.0と名付けた計7社から参加してもらって複数回実施する合同研修プログラムも実施致しました。まさしくパートナー企業同士の交流と成長（学び）を促す機会として『街が育つ』という理念を体現した価値あるものだと思っています。

また、我々は問いかけるだけでなく、そこに向き合うシステムを作ろうと考えました。それが1on1面談であり、キャリアコーチと選手が継続的に面談をして「ミッション」「ビジョン」「バリュー」（ＭＶＶ）の策定をする取り組みをスタートさせました。

パートナー企業の社員の方々との合同セミナーも定期的に実施

ミッション……社会の中での自分の役割
ビジョン……ミッションを実現した理想の未来像
バリュー……日々のこだわり、行動指針

原体験を振り返り、自らのサッカー選手であるゆえのスタンスや価値観、使命感を見つめなおすことでピッチ内外でのパフォーマンス、言動、行動の質の向上につなげていこうという取り組みです。今振り返ってみても、サッカー選手だった時間はすごく尊い時間でしたし、稀有な時間でした。その中でサッカーをすることがいつしか目的化してしまっていましたし、そのことに当時は疑問を感じていませんでした。あまりこの言葉は使いたくないのですが、あくまでサッカーは手段であって、自分のあるべき姿の実現こそ目的なんじゃないかと思うんです。だからこそ、そこに向かうためにも、内面に問いかけることは大切だと考えて、取り組んでいます。

MVV策定の面談はシーズンが始まってから5月ぐらいまでの間にキャリアコーチと約1時間の面談を3回ぐらい行ってい

ます。1人称で完結しない、社会他者に貢献する目的としてのMISSION、未来のありたい姿としてのVISION、行動指針としてのVALUEについて、面談を通して言語化して定めようとしています。

自分の考えや思いを言語化することは、威力があると思っています。面談を行うことによって、軸が強くなった選手が増えました。自分の中の価値観や大事にしていることは何だろうと考えて、すぐに答えが出てこない選手もいます。でも、そうやって考える時間自体は決して無駄ではありません。自分といい意味で向き合う時間になっていると思うので、選手にとって貴重な時間になっていると思います。

この取り組みは他のクラブとの差別化や水戸のブランディングといった観点で行っているところもありますが、決して外向きにやっていることではありません。せっかく水戸ホーリーホックに来てくれた選手に対して、自分自身もしっかり向き合いたいと思っていますし、選手たちにはこのクラブに来てよかったと思ってもらいたいのです。

何のためにサッカーをするのか?

サッカー選手はうまくなるとか、勝つことが目的化しがちです。でも時に、今日のトレーニングを何のためにやるのかということを心にとめながらグラウンドに向かってほしいと思うんです。

毎年ＭＶＶで定めた言葉を記したプレートを選手たちに渡しています。それをロッカーなどよく見る場所に飾ってもらうようにしています。それはなぜかというと、毎日何のためにサッカーをするのかを確認してからグラウンドに向かってほしいからなんです。グラウンドの中では無心でプレーしてもらいたい。でも、グラウンドに向かう前には自分の心の奥底にある動機を意識してほしい。ともすれば、今日と同じように、明日が来ると思ってしまいがちです。突然のけがで、第一線でやれるのは、その日が最後になってしまうかもしれませんし、震災や、コロナを含め、これまでとは違う日常に突然なってしまうかも知れません。だからこそ、定期的に『自分は何のためにサッカーをするのか』ということを思い返してもらいたい。サッカー選手の時間は思っているより短い。自分の目的に一直線で向かっていくために時間を費やしてもらいたいんです。だからこそ、俯瞰したところで目的を確かめた上で目の前にサッカーをする時間があるう

誰からも愛され
心揺さぶる選手に
Mission
ピッチ内外で必要な役割を全うし、常に周囲の誰からも応援される選手になる
Value
Vision
一人ひとりが当事者意識を持って役割を認識し、前向きに自発的に実行できている社会
森 勇人
面談を通して、選手のスローガンを決め、大事にしている風土、カルチャーをいくつかの単語で表し、ビジュアル化した「MVV（Mission、Vision、Value）」

ちはそこと真摯に向き合ってほしいと思っています。

自分のキャリアを思い返せば、2001年から始まったプロ選手生活11年間の中でハイライトは2005年の1年間だけでした。2001年〜2004年の途中までは、試合出場になかなか辿り着けませんでしたが、やっとの思いで、掴んだプロの公式戦にも2006年3月のけが以降、引退する2011年シーズンが終わるまで、自分の思ったとおりの感覚でプレーすることはできませんでした。

当たり前にあった日常がなくなるなんてあっという間です。そんなものですし、誰にでも、いつそれが起きてもおかしくないのです。だからこそ、「日常」があるうちにそこを惜しみながら大切に、大切に1日、1日の時間を過ごすことが重要です。

徹底した顧客目線

MVP（集合研修）とMVV（1on1面談）作りを通して、着実に自分の考えを言語化できる選手や、しっかり考えて、アウトプットできる選手が増えています。私も現役時代はそうでしたが、サッカー選手はすごく近視眼的なんですよ。日々のパフォーマンスがどうだったかということに一喜一憂するし、試合の結果や身体のコンディションにすごく左右されるんです。そういう世界にいるので、どうしても日々のことに追われてしまうし、目の前のことに意識が行ってしまう。そうなりがちなだけに、視座を高めたり、違う角度から見たりする機会が必要なんです。MVPで何のためにサッカーをするのかという違う視点からの話を週に一回行って、考える時間を作るようにしています。1週間に1回自分からだけの視点を外すことも講義の中で意図しているところです。

ある意味、選手はクラブの顧客だと思っています。我々が彼らに対して尽くすことができるか、サービスの質を高めることができるかといったことにこだわらないといけません。今年の水戸ホーリーホックのキーワードは徹底した「顧客目線」を持つこと。強化部にとっての顧客は誰なのか。ホームタウンにとっての顧客は誰なのか。広報にとっての顧客は誰なのか。違う観点で言うと、その業務の利害関係者は誰なのか。どういうサービスの質を提供していくかにこだわらないといけないのか。

水戸ホーリーホックの強化部はここ数年で成果を少しずつあげることができています。毎年、資金力以上の順位を残すことができていますし、多くの選手をＪ１チームに移籍させ、多くの移籍金を得ることができています。その成功の要因は何かというと、徹底して顧客に対して満足を与えることに注力してきたからです。強化にとっての顧客は選手であり、エージェントであり、送り出す側の指導者であり、場合によっては相手クラブになります。そこに対して何をしたかというと、徹底して関係の質を高めることに取り組んできましたし、そのためのサービスを意識してきました。

ありがたいことに、ＭＶＰをはじめとした水戸の取り組みについて、他のクラブから問い合わせがよく来るんです。今水戸ホーリーホックが行っている教育は我々の「独自性」につながっていると思います。サービスの質が高まれば、良質のお客さんが増えていく。ゆくゆくはそれが水戸ホーリーホックのためだけでなく、日本サッカー界のためになると信じています。

日本サッカーの独自性や立ち位置をどういうものにするのか、日本の強みは何なのかについて考えるようになった時、「世界で最もヒトが育つリーグ」に近づくのではないかと考えています。選手を育てるスキームにおいて、水戸ホーリーホックはトップランナーを目指していきたい。だから、これからももっともっと色々なチャレンジをしていこうと思っています。

またそれと共に、それを一緒に実現できる「仲間」を日々探しています。

第6章 GM就任

強化部長として初めての監督選び

前述の通り、2016年に水戸ホーリーホックの強化部長に就任しました。そこからは今までの水戸ホーリーホックを自分の中に急速にインプットさせていかないといけませんでした。サッカー面についても、これまで水戸がどういうサッカーをしてきたのか、どんな原則があって、それはどの監督の影響を受けているのか？　しかも、それまで地域リーグで活動していたので、Jリーグに関しては4年間ぽっかり穴が開いていました。J2というリーグの特徴や、傾向がどうなっているのか？　その中で水戸ホーリーホックはどうあるべきか？　それをまずは定めるための時間が必要でした。

そして、2018シーズンに向けて、強化部長として初めて監督を交代するという決断を下しました。2015シーズンに下位に低迷している状況で、急遽ヘッドコーチから監督に就任した西ヶ谷隆之さんは水戸にとっての恩人であります。2016年13位、2017年14位という成績で、新監督を招聘するという決断はとても勇気のいることでした。そして、新しい監督を連れてくることは私にとっても大きなプレッシャーもありました。

監督選びはすべてを私一人で決めたわけではなく、萩原武久顧問と沼田邦郎社長（現会長）と一緒に後任候補のリストを作り、順番に面談をしていきました。その中で誰が良いかを相談して考えて、オファーを出しました。2018シーズンの監督は長谷部茂利さんにお願いすることとなりました。

どうすればクラブをもっと大きくしていけるのか？

2018シーズンは私にとって非常に重要なシーズンでした。監督交代、アツマーレへの移転。Make Value Project の立ち上げ。

そこで過去最高の成績を残せたことはクラブにとっても、自分自身にとっても大きな出来事でした。クラブが下した決断、私が下した決断、新たな試み、そこで結果が出たことは大きなターニングポイントとなりました。

その一方であることに疑問を持つようになったんです。クラブの予算の中からチームを編成するための費用、つまり強化費が決められるのですが、「なんでこういう決め方になっているのか？」「どうやったら増えるんだろうか？」ということが分かりませんでした。

2016～2018年のチーム編成は本当に大変でした。期限付き費用は相手クラブが納得してくれるような金額を払うことはまずできませんでしたし、場合によっては相手クラブに年俸の一部を負担してもらう形で期限付き移籍してもらうこともありました。ある選手を期限付きで獲得しようとして条件提示をした際、相手クラブの強化部の方に笑われたこともありました。支度金を用意するのも精一杯でした。

その後もなかなか強化費を上げれず、ずっとそんな苦しい交渉が続いていたんです。毎日のようにこの状況を変えるためにはどうすればいいのかを考えていました。２０１６シーズン途中には三島康平が松本山雅ＦＣに移籍する際に1千万円以上の移籍金が入り、２０１７シーズンが終わる時に笠原昴史（現・大宮アルディージャ）と佐藤和弘（現・ヴァンフォーレ甲府）と内田航平が移籍した時には合わせて数千万円の移籍金が入ってきたんです。こうやって選手を移籍させて、移籍金を得ることができれば、強化費が上がるんじゃないかと期待したのですが、強化費が大幅に上がることはありませんでした。つまり、移籍金をどのように運用していくか、どのぐらいの割合を強化費に回すのかという基準や、クラブを大きくしていくための問題や課題などが自分の中ではまだ上手に捉えられていなかったんです。

このままの状況では安定的なチーム編成は厳しいと考えていた時、「このクラブにはなぜゼネラルマネージャー（ＧＭ）がいないのだろう？」という疑問も抱くようになりました。また２０１８年に最高順位を収めたこともあり、当時社長として10年目を迎えていた沼田邦郎さんとも中長期のスパンでチームをどうしていこうと考えているか？　どうしたら、クラブをもっと大きくしていけるのか？という議論を数多く重ねました。沼田さんはどんな時でも、すぐに時間をとって、話す機会を作ってくれました。電話でもタイムリーにやりとりができ、コミュニケーションの頻度が増えていくとおのずと意思決定のスピードも上がっていきました。新たな非常勤の取締役も入れることも想定して、一緒に考えることになりました。

ただ、強化部長として、そこに携わるのは権限を越えてしまいます。それならば、自分がGMになった方が、水戸ホーリーホックにもっと貢献できるのではないかと考えるようになり、2019年のはじめに沼田社長に対して「GMになった方が周りの方々を巻き込みやすい」と進言したんです。

クラブが発展していくための人事改革

でも、簡単に物事は進みませんでした。2019年に入り、クラブの根幹を揺るがすような事件が立て続けに起きてしまったんです。3月には残業代未払問題への対応、コンプライアンスに関わる問題が立て続けに起きました。チームが快進撃を見せている裏側でクラブは大変な状況が続いていたんです。そうした出来事が、チームに悪影響を及ぼすのではないかと懸念しており、その解決に私をはじめ、クラブスタッフは注力したのですが、それも強化部長よりもGMという肩書の方が動きやすかったと感じることが多かったんです。そこで、問題が解決した後、改めて社長にお願いをしたんです。そして、2019年9月にGMに就任することとなりました。

最初に手を付けたのは人事に関してで、その中でも配置と採用です。まず、フロントの配置において、それまで営業の部署で働いていた市原侑祐を経営企画室に引き上げることを決めました。

彼は2015年からスタートした公益財団法人スポーツヒューマンキャピタル『SHC（当時JHC）』の卒業生で、私がゲスト講師に行った時に出会ったのですが、若いながらも非常に優秀な人材です。２０１８年に私との縁で、水戸で働いてもらうこととなったのですが、それまで能力を存分に発揮することができていないと感じていました。そこで、ＧＭ就任と同時に彼には経営企画室という違う役割を与えました。当時はまだ32歳。若手を引き上げることに対して、周りには不安を口にする者がいたのも事実ですが、それから数ヶ月の彼の仕事ぶりで、みな納得した様子でした。今の水戸には欠かせない存在の一人です。

さらに、それまで総務部長だった社員の鈴木郁恵さんも経営企画室に入ってもらいました。以降、私と社長を含めた経営企画室のメンバーで頻繁に話し合いを行い、圧倒的な頻度と量のコミュニケーションで、お互いの考えや、価値観、目指すべき方向性を擦り合わせていくようになりました。

クラブとして機能していくためには密なコミュニケーションは最重要です。クラブが発展していくためにも解決しないといけない問題は山ほどありますが、大抵それらは一つの部署だけで解決することはできません。すべての部署が機能して、歯車がかみ合わないと前に進めないんです。ＧＭに就任して、まずはそこに着手しました。

その他にも、２０１９年末には教育分野を強みとする中川賀之と新規開拓を得意とする佐野元則を採用して、２０２０年に新規事業部を立ち上げ、さらにクラブの価値を高めていくために新たな分野へのトライを行いました。中川はMake Future Project、佐野は社会人チームとGRASSROOTS FARMの立ち上げに尽力してもらいました。

２０２１年12月からは以前から親交のあった瀬田元吾。２０２２年7月からは相原大介。それまでの自分のネットワークを最大限活用して、縁のあり、お互いのビジョンが一致するスタッフを積極的に採用していきました。

生き残るための選択

２０１９年に過去最高成績を収め、過去最多の観客動員数を記録しましたし、同年に噴出した問題も解決することができました。さらなる発展へ、意気揚々と２０２０シーズンに向かいました。開幕戦では、観客数は７０２９人にとどまりましたが、有料入場者数の割合は昨年平均63％を大きく上回る82・４％を記録しましたし、グッズ売り上げを含めて昨年比約１４０％の収入を得るなど、経営的にも上向きの状態にありました。クラブとして大きな手ごたえをつかみかけていたんです。でも、そこでまさかのコロナ禍に突入することとなったんです。

第１節終了後から約４か月間リーグが中断し、再開後も無観客試合や観客数の制限がかかるなどクラブの経営において重要な入場料収入が激減してしまう事態となってしまいました。そのほかにも様々な事業で減収が予想され、予算のダウンサイジングを余儀なくされました。その状況下で１年間の収益を試算したところ、債務超過に陥いる可能性が出てきたんです。全Ｊリーグクラブが経営的に大きな打撃を受けたと思いますが、責任企業を持たない水戸は存続すら危ぶまれる状況に陥っていたんです。

クラブが生き残るために第三者割当増資という選択をせざるを得ませんでした。しかし、増資はクラブの判断だけではできません。株主の方々の賛同が必要です。そこで、株主のみなさんのところに出向いて対話をする機会がこの時期はとても多くなりました。

最も影響があるのは当然、筆頭株主の皆様です。まずは筆頭株主の支援持株会に理解をしてもらうことが大事でした。支援持株会はクラブが経営危機にあった2003年に多くの人が出資し合って、クラブを支えようという趣旨で設立された団体です。市民クラブである水戸を根幹の部分で力強く支え続けてきてくれました。だからこそ、クラブの存続の危機だけに理解を示してくれるのではと思っていました。

しかし、上層の方のもとへ説明に伺ったところ、すぐには首を縦に振ってくれませんでした。それは我々にとって想定外の出来事でした。

支援持株会の存在意義として、「市民クラブとしての水戸ホーリーホックを守る」というものがあります。上層の方は我々が増資をすることによって、クラブがどこかの企業に買われてしまうのではということを懸念していました。支援持株会の立場から見ると、まっとうな判断だとも言えます。ただ、我々としては、あくまで存続の危機を回避するために経営の土台を強くすることを目的としており、クラブを〝売る〟ということを考えていたわけではありません。だからこそ、我々の考えと想いを理解していただくしかないと思い、連日のように上層の方の自宅に足を運んで話し合う機会を持ちました。徹底して通い詰めて、コミュニケーションを取り続けました。そして、増資を決める株主総会の直前でついにOKを出してくれたんです。増資をすることによって、支援持株会は筆頭株主ではなくなり、議決においての影響力は弱まってしまいます。それもなかなか賛同していただけなかった理由だと思います。

また、自分たちが「市民クラブ」を守る最後の砦という使命感があったんだと思います。でも、何度も何度も話し合いを重ねることで、最後の最後に首を縦に振ってくれました。あそこで増資ができなかったら、クラブは消滅していたかもしれません。だからこそ、支援持株会のみなさんには心から感謝をしています。みなさんの意志をしっかり継いで、これからも「市民クラブ」としての水戸ホーリーホックを一緒に作り、守り続けていくことは我々の使命だということをしっかり受け止めていかなければならないと強く思っております。

その結果、新たに23先1億9400万円の新規割り当てとなり、経営のピンチを脱することができました。

コロナ禍というクラブとしては大きな危機でしたが、支援持株会の方々との意思疎通は以前よりもスムーズになり、自分としてもその想いを知ることができて、これまで以上に「地域の皆様のため」という意識が強くなりました。

このような心の通った、対話が本当に大切なのだということを学ばせてもらいました。

2018年から2022年までの5年間で事業収入は1.5倍となりました。そのきっかけとして、2つの出来事があります。一つ目は株式会社アトラエとユニフォームスポンサー契約と資本業務提携を結んだことが挙げられます。

アトラエはエンゲージメント（自主的貢献意欲）を活かして社員の実力を最大限に発揮させるビジネスアプリを数多くの企業に導入し、働き方改革が推進される近年の日本社会の中で、HR業界のリーディングカンパニーとしての地位を確立していました。

アトラエの新居佳英代表取締役CEOは「スポーツチームのパフォーマンスもエンゲージメントによって高めることができる」という仮説を持っていたようで、そのタイミングで水戸からのアプローチが届いたらしいです。交渉の末、2019年5月に参画してもらうこととなりました。

それにより、経営改革のギアが一気に上がりました。クラブ内のエンゲージメントを高めるために様々な取り組みを行うようになりました。それらについては2018年12月に取締役に就任した小島耕の存在がさらに後押ししました。

社員全員と1対1の面談を重ねて、それぞれの考えや本音を聞き出し、社員間の垣根を取り除いていきました。さらに今までの「守り」の発想から「攻め」の発想への転換を促したんです。

2020年にコロナ禍となりますが、この時に経営改革をスタートさせていたからこそ、乗り越えることができたんです。本当にギリギリのタイミングでした。

そして、第三者割当増資をする際、抜群のリーダーシップを発揮してくれたのが新居さんでした。アトラエに資本業務提携を締結した後、新居さんに非常勤の取締役になっていただきました。新居さんはコロナ禍で経営的に打撃を受けるクラブに対して、『絶対に沈ませるわけにはいかない』と、我が事として、クラブのかじ取りをしてくれました。第三者割当増資も無事済むと2020年の終わりに新居さんは取締役から退任することとなりました。そして2022年でアトラエとのパートナー契約が終わります。新居さんはもちろん、アトラエの皆様にも感謝しかありません。クラブの危機を救ってくれた、まさしく救世主でした。

増資をしたことによって、経営基盤が強化されて安定したクラブ運営ができるようになりました。また、2020年に社長に就任した小島耕さんがクラブの可能性をどんどん切り拓いてくれて、今は組織として機能している実感があります。

そして、2022年二つ目の出来事が起こります。JX金属株式会社との出会いです。2022年4月30日のヴァンフォーレ甲府とのサンクスマッチの後から、急速に関係性は深まっていきます。トップパートナー契約、エリートリーグ開催（エリートリーグ過去再講習各試合を達成）、県北地域のホームタウン拡張。ユニフォームの背中への広告掲載。それ意外にも様々なアクティベーションを共にさせて頂きました。自分も含め、クラブの社員同士も様々な機会を共にして、感じたことですが、まずはクラブと企業の理念共感が最重要でありますが、最後は人同士であり、担当者それぞれの価値観や人生観が影響することも、肌身で感じました。

法人格として、法人を人という捉え方をするならば、まさしく、「世の中は縁で成り立っていて、人を動かしているのは、情である」という言葉を身をもって、経験した出来事でした。これからもwin,win の関係性を築き、地域に貢献していきたいと思っています。

水戸に対するイメージの変化

水戸に来てから、選手獲得の際の交渉では本当に、苦労していました。そんな状況から変化を感じたのは2020年からですね。2019年に過去最高の成績を記録したことに加え、アツマーレという施設とMVPなどの取り組みを高く評価されるようになり、さらに毎年若手を育ててJ1に送り出すという実績ができたことによって、他のクラブや代理人からの水戸に対するイメージが変わったように感じました。

実際、交渉していても、「良い選手を水戸に出したい」と言ってくれる人が増えましたし、交渉がしやすくなりました。それまでは相手クラブに頭を下げてお願いして、原石的な選手を借りてくる形がほとんどでした。でも、今はJ1クラブが将来を期待するような若手選手が来てくれるようになりました。2022年には横浜Fマリノスから椿直起選手が期限付きで水戸に来てくれたのですが、彼はギラヴァンツ北九州時代にJ2で実績をすでに残していました。今まではそういう選手を獲得することはできなかっただけに、彼の獲得はチーム編成の進化の象徴だったと言えます。

そうした流れで昨季終盤活躍を見せた元年代別日本代表FW唐山翔自《しょうじ》をガンバ大阪から期限付き移籍期間を延長して獲得することができましたし、青森山田高校時代から大きな注目を集め、加入した浦和レッズでは出場機会にめぐまれませんでしたが、FC琉球や大宮アルディージャに期限付きで移籍して活躍を見せてきた武田英寿選手を獲得することができました。安永玲央選手に至ってはJ1昇格した横浜FCから完全移籍での獲得が決まりました。

チームは目安として30人ぐらいで編成するのですが、現段階での目標は平均年俸を800万円ぐらいにしたいと考えています。そのためには強化費は2億4000万円が必要となります。今は、そこにどう持っていくかの道筋を描いているところです。そこにたどり着くことは、J2上位を狙い続けられるようなチーム編成の可能性を高められることに繋がると考えています。少しずつ平均年俸は上がってきていますが、早く平均年俸800万円のラインに持っていきたいと思っています。

すべてに影響を与える存在

クラブには大きく分けて4つのセクションがあります。強化とアカデミーと事業と経営。GMはこの中心点にいます。すべての接続点として、重要な役割だと感じています。4つのセクションの状況を把握しながら、すべてに影響を与える、そういう意味でクラブにとって非常に重要な存在なのです。

私はこれまでずっと「関係性」を大事にしてきました。この先もそれは変わらないと思います。

そして今後は少しずつアカデミーにも関わっていこうと思います。今季のコーチの評価や、配置には自分も関わりました。トップからアカデミーまでの細かな配置をアカデミーの責任者たちと話し合い、自分の意向も踏まえて決めることにしました。

ここ最近、だいぶ自分がやろうとしたことを実現できるようになっています。これから大事なことはいかに任せられる人を育てていくかというところですね。今はGM兼強化部長という立場ですが、強化も次は誰に任せるのかといったことを考えないといけないですし、アカデミーも誰を中心として、どういう配置にするかなど最適解を見つけないといけない。そのためにも採用、育成、評価の3つをしっかりさせていく。これが強化部長の仕事であり、GMとしても大事な仕事だと感じています

第7章

選手の身体を大切にする

好きなサッカーを長く続けてほしい

なぜ、選手のけが予防に力を入れるかというと、好きなサッカーをいつも良い状態で、し続けてほしいからです。サッカー選手という職業が自分もこの上なく、好きでしたし、そんな彼等を羨ましく思うと同時に、その素晴らしい職業を少しでも長く、少しでも高いレベルで続けてほしい。それが根底にあります。

自分はいつも、プロサッカー選手の仕事は2つであると選手には伝えています。

それは「on the pitchの追求」と「off the pitchの発信」です。加えて、「追求」してほしいことは4つあり、「技術」、「フィジカル」、「メンタル」、「戦術」です。

この4つをいつも高い水準に持っていって欲しいと話しています。

我々の立場からはまずはその4つを「追求」しやすい環境や、情報、費用面をサポートします。まず、始めたのが血液アレルギー検査です。2017年に導入しました。この検査を取り入れたことによって、自分の口に入れる物に対して、選手たちはすごく気を遣うようになりました。それが一番の効果だと思っています。

自分に合うものが何かを意識するようになるということは、質の高い体調管理につながる。結局、そのような機会が彼らの意識を高めているのです。

その次に導入したのが遺伝子分析栄養プログラムです。2020年夏から選手のコンディション向上のために「遺伝子分析」と「栄養プログラム」の検査を実施しています。検査によって遺伝子のタイプにより、運動に関する「筋肉の付き方」や「骨、軟骨、筋肉の損傷リスク」、「モチベーションの傾向」、「睡眠時の志向」などが分かります。その分析結果を、競技力の向上や疲労回復、けがの予防につなげています。

また、先天体質に合わせた食事・栄養を摂ることによって、さらなるコンディションとパフォーマンスの向上を目指しています。

遺伝子検査によって、「『筋繊維（遅筋・速筋）』『瞬発力・持久力』『筋損傷』『筋トレ効果』『疲労・ストレス』『体脂肪』『骨・軟骨・関節』『睡眠の質とリズム』といった項目に対しての選手個々のタイプが分かりました。分析結果は予想通りの選手もいましたし、意外な選手もいました。プレーを見て、瞬発力があるなと思っていた選手でも、実は遅筋型だったりすることもあります。選手の筋力のタイプを知ることによって、タイプ別にトレーニングを分けることができるようになりますし、それがけがの予防につながるのです。

この分析によって選手のパフォーマンスが上がるんじゃないかという感覚をスタッフ陣は持っています。というのも、今まですぐに疲れやすい選手がなぜ疲れてしまうのか、いろんな要素があって、その理由が分からないところがあったんです。遺伝子分析をしたことによって、その理由がある程度分かるようになりました。たとえば、サイドバックの選手で、疲れやすい選手が速筋タイプだということが分かりました。そのようなことがわかるとスタッフ側も、それに基づいて、役割を与えることや改善プログラムを考えることができます。

遺伝子検査を選手に行うことで、管理側としても、客観的事実を基に仮説を立ててトレーニングを行い、ケアの質を高めることができるになりました。まだまだ検証していかないといけないことはありますが、選手個々に合わせたプログラム提供に今後も役立てていきたいと思っております。

選手個々に合ったインソールを作成

もう一つ、けが予防のために個別のインソールも作成しています。選手個々の足形を取って、1人1人に合うインソールを作っているんです。サッカー選手にとってインソールはすごく重要で、自分の体の重心がどこにかかるかはインソールでかなり変わります。自分に合うインソールにすることによって、より力が伝わるようになる。よって、効率的な動きの獲得と共に、けがの防止につながります。特に中足骨の骨折はしにくくなります。

さらに良い重心から滑らかな効率的な動きにも紐づいていくので、予防だけでなく、ハイパフォーマンスにもつながるんです。実際、選手からの反応も良いので、効果があるんでしょう。

国内にはインソールを作る会社はたくさんあります。私も実は現役時代からオーダーメイドのインソールを使っていました。作ってくれたのは、インソールにおける日本の第一人者と言われている入谷誠先生（故人）。足関節への重心を見て、何度も何度も歩く姿を見て、インソールの型を作成します。自分で体験したことだからこそ、一定の知識がありますし、重要性を分かっていたので、いくつかの会社のインソールをピックアップして試してみて、一番選手からいい反応があった会社にお願いすることにしました。

作るようになったのは2018年からです。その前年にある選手が中足骨を骨折したのがきっかけです。先ほども言いましたが、そのけがは身体を張り、筋肉の緊張をしっかりとれていれば、相当な確率で防ぐことができるんです。私自身、現役時代に中足骨を3回骨折したので、折れるメカニズムは分かっています。だからこそ、選手に同じことをさせないために、逆算して取り組んでいるんです。ちなみに費用はクラブが負担しています。選手には無償提供しています。

インソールをチーム単位で導入しているクラブは少ないんじゃないでしょうか。普通はチームでそこまでやらないですから。でも、選手は身体が資本です。けがのリスクが下がることは何でもやった方がいいと思っています。基本的にけがはいきなり起こりません。大抵は予兆があるんです。たとえば、急にパフォーマンスが落ちたりしたら、その原因はある個所に負担がかかりすぎているということもあります。

自分に合ったインソールを使うことによって、その負荷を分散させる効果が期待でき、けが予防だけでなく、パフォーマンスを落とさないためのリスクヘッジにもなるんです。

移籍金の使い道

　水戸は毎年、多くの選手が移籍します。それゆえ、２０１９年以降は選手を移籍させることによって、多くの移籍金が入ってくるようになりました。

　きっかけは２０１９年の夏にＪ１の横浜Ｆマリノスに移籍した伊藤槙人（現・ジュビロ磐田）でした。その後も。２０１９年のシーズンオフに前寛之と志知孝明、浅野雄也（現・北海道コンサドーレ札幌）、村上昌謙《まさあき》（現・アビスパ福岡）、２０２０年にはンドカ・ボニフェイス（現・横浜ＦＣ）、２０２１年夏には柳澤亘（現・ガンバ大阪）、住吉ジェラニレショーン（現・サンフレッチェ広島）、平野佑一、そしてその年のシーズンオフには松崎快（現・浦和レッズ）、牲川歩見《にえがわあゆみ》（現・浦和レッズ）といった選手が移籍しましたが、その分、移籍金も入ってきました。

　そうして生まれた移籍金をどうやって使っていくかについて、すごく考えました。特に２０２１年夏に３人もＪ１に移籍させたことによって、大きな金額が入ってきました。もちろん、強化費への上乗せはありますし、選手に投資することも一つの手です。コロナ禍ということで、チケット収入が苦しい中、そちらの補填にもかなり投じましたが、一部分は、違う使い方もしました。選手のメディカル環境をよくするためにお金を使うべきと考え、選手たちからも要望のある最新の医療機器を購入することにしたんです。

　そうして２０２１年に購入したのが、アイスバスと衝撃波のマシン、そしてアイシングマシンです。我々規模の経営レベルのクラブで、これだけの医療機器を所有しているチームは多くはないと思います。特にＪ２クラブでは少ないと思います。

ジムには初動負荷マシンもありますし、トレーナーを４人体制にしています。選手の体のケア体制は水戸ホーリーホックの特長だと思っています。

マインドフルネスの導入

私は選手を獲得する際、選手と直接話をするようにしているのですが、メディカル体制や医療器具、選手のコンディションへの考え方、サポートの仕方の説明をしています。やはり、選手にとって身体は資本ですから、少しでも医療体制の環境が整っているクラブに行きたいと考えています。そういった点は水戸にとって大きなアピールポイントとなっています。また、ＭＶＰも含めて学びの場を作っていることを話して、その意図も必ず説明するようにしています。だから、最近はＪ２クラブとならば、競合しても選手を獲れる確率が高くなってきました。

２０２３シーズンの取り組みとして、分子栄養学を導入しようと考えています。分子レベルで研究した、かなり精度の高い栄養学です。

あとはマインドフルネス。昨年は同意した一部の選手には試験的に取り組んでもらいました。

マインドフルネスとは自分の中のある気づきや注意力を高めるために行われる手法のことで、具体的には、日々の心配事や不安な気持ち、仕事や他人からの評価など、つい頭に浮かんでしまうことを鎮め、「今」だけに集中できるような精神状態を意識的に作っていくというのがマインドフルネスであり、その手段として「瞑想」が用いられています。

マインドフルネスの瞑想を行うことで余計な雑念が消えるため、集中力を高める効果があるとされており、その他にも、不安やストレスに押しつぶされている状態から解放されることで、心身のコンディションを整える効果も期待できると言われています。マインドフルネスを実践することによって、「集中力や記憶力の向上」「ストレス軽減」などの効果があるということで、ビジネスの分野ではマインドフルネスの導入が進んでいるんです。アメリカのＮＢＡで導入しているチームもあるそうで、マイケル・ジョーダンの時代からマインドフルネスの概念が用いられていたようです。

２０１８年にはメンタルトレーナーの方を招いて、ストレス耐性を高めるための講義を行いました。サッカー選手の中には、鬱になる選手やオーバートレーニング症候群になる選手がいます。メンタル面のケアは非常に重要なんです。当時メンタルトレーナーの方には、呼吸法を用いることで、自律神経や交感神経を正常にさせる方法を学びました。またその先にゾーンと呼ばれるハイパフォーマンスの状態があることも教えてもらいました。

２０２２シーズンにスモールスタートさせた分子栄養学とマインドフルネスは感じがよかったので、もう少しずつ規模を広げて、２０２３シーズンは正式に導入しようと考えています。特にエンジニアに対しマインドフルネスはグーグルのような先進的な企業で取り入れています。

て、心のケアをすることによって、生産性を高めることにつながるそうです。それを彼らは分かっているから導入しているのですが、スポーツチームもやった方がいいだろうなと思って、トライしました。

そもそも「選手の身体を大切にする」ために、様々な事を施すのはなぜか？　それは自分を深く理解するためです。

たとえば、筋肉に関しては体感値として、ここにこれくらいの痛みがある、あそこが張っているなど、感じることはできます。でもそれが、どの程度なのか、また前の張りに比べてどうなのか？そこの痛みを引き起こしている原因は何なのか？そのようなまさしく、自分に起きている事を知り、自分の身体の特性を知るということは、自分の力を効率的に、再現性を持って発揮するための絶対条件と言えます。日々関わってくれるトレーナー（定期的に関わる外部の方を含む）の方は非常に重要で、客観的にフィードバックをしてくださる身体の専門家は選手生命に直結します。

また、逆にどんなに優秀な人が、優秀な医療器具が、良い環境があったとしても、それが万能を意味することにはなりません。日々自分自身や、状況も変化をしていきますので、日々その時の自分を感じながら、必要なことを取捨選択していくことが大切です。

ケーズデンキスタジアム水戸

第8章

地域とともに歩む

2020年秋葉体制になり、意気揚々と迎えた開幕戦（大宮アルディージャ相手に1－2で敗戦）でしたが、結果は出なかったものの、非常に可能性を感じることができていました。そこで、突然のコロナによる中断。サッカーはおろか、3月、4月は自宅待機や、出勤を制限するなど、これまでの日常が突然、非日常となりました。誰もいないクラブハウスに数日に1度出勤をする中で、今しかできないことは何かを考えていました。そこでひとつ考えついたのが、クラブのリブランディングでした。

そのときはまだ役員にはなっていなかったのですが、GMになってクラブとしてこれからどうしていこうかを考えた時、これまでの水戸ホーリーホックのミッション、理念、行動指針を再度見直し、必要なものは徹底する、フィットしていないものは変えていこうと決めました。

クラブビジョン

◆社会との約束－ブランドプロミス－
新しい原風景をこの街に

◆実現したい未来－ビジョン－

夢と感動と一体感の共有に向けて、地域に根ざし、地域と歩み、地域に貢献し、地域と共に発展します。

◆使命／存在意義―ミッション―
人が育ち、クラブが育ち、街が育つ

◆行動規範／価値観―バリュー―
協働……チームワークを発揮
本質……なぜを問い続ける
挑戦……前に踏み出す
本物……高いレベルで要求し合う
粋………感性を磨く
仁………相手を思いやる
善………自分に正直であれ

リブランディングに関しては、出勤できないクラブスタッフをオンラインで繋ぎ、1代目CRC（クラブリレーションコーディネーター）の冨田大介さんを中心に連日のように会議を設定するなどランチの時間を使って行いました。

ビジョンの「夢と感動と一体感の共有に向けて、地域に根ざし、地域と歩み、地域に貢献し、地域と共に発展します。」に関しては、みんながしっくりきている感じだったので、そのまま使おうということになりました。ミッションの「人が育ち、クラブが育ち、街が育つ」も水戸の象徴的な言葉となっていたので、変える必要はありませんでした。

ただ、行動指針に関して、「即行　敢行　実行」という言葉が当時はありましたが、クラブの中でその言葉を使っている人が少なかったので、見直すことにしました。そして、「ブランドプロミス」として「新しい原風景をこの街に」という言葉を新たに作りました。

今回、どのようにリブランディングしたかというと、まずはこれまでクラブに関わってきた人たちに徹底的にインタビューを行いました。その会話の中で出てきた言葉を分析していって、ブランディングをプロデュースできる企業（株式会社揚羽）にお願いして、その担当者と何度も打ち合わせをし、新しい言葉を作りました。

弘道館の方にもインタビューをさせていただいたこともあります。その方に水戸藩の考え方を教えていただきました。それに関しては様々な解釈があるとは思いますが、非常に参考になるものとして「国家的視野」や「先見性」「実践性」といった言葉を教えてもらいました。それらの言葉には私自身今でも、すごく影響を受けています。事あるごとに、そのような言葉に立ち返って、水戸ホーリーホックというクラブはどんな歴史があり、どういった人たちがどのようなことを大切にしてきたかということを思い出すようにしています。

それ以外にも、水戸ホーリーホックを長い期間株主として支えていただいている方などからもいくつかのエピソードなどをいただきました。そうやって知ることの出来た事実や、言葉との出会いはクラブの中枢を司る自分としては、様々な事を判断、決断していく上で、非常に意味のある時間でした。

それらのインタビューを編集し、多くの方が口にされたのが「成長」という言葉でした。成長するために何が必要かというと、教育であり、学びなんです。今、クラブとして目指している方向性や行っている施策は非常に水戸の街らしい取り組みなんだということに気づかされました。

人間力を営む授業

そして、さらに教育の分野に力を入れるために新規事業部の中川賀之が立ち上げたのが「Make Future Project（ＭＦＰ）」です。ＭＦＰは社会貢献活動の一環として子ども向けに実施するプログラムの総称です。これまでも「スポーツ体験教室」や「フェスティバル」の開催に加え、アカデミーの普及部が中心に行っていた地域貢献活動の幅をさらに、広げていくこととなりました。現役時代はエクアドルリーグでプレーして、引退後は日本サッカー協会の「こころのプロジェクト『夢の教室』」の夢先生や運営に携わってきた教育現場のスペシャリストである中川を採用し、彼の高

い専門性を活かして、サッカークラブから教育現場に発信していくことを目的に立ち上げました。

そして水戸の選手たちが地元の学校に行き、講演や授業を行うことをプログラム化しました。他のクラブでも選手が学校に行って子どもたちと一緒に遊んだりする取り組みをしているかと思いますが、水戸の場合はそれだけではなく、講義（授業）も行うようにしています。サッカー選手になるまでの経緯やプロになってからのこと、苦しい時をどのように乗り越えたかなどを子どもたちに話をさせるような内容です。子どもたちだけでなく、関わるすべての人と人間力を育むことが講義の意義と考えています。

この講義には正解も不正解もありません。講義は、講師の原体験の共有の場であるとともに、自身の人生を振り返り、現在の思考を自覚、認識し、今後の生き方を見つめ直す学びの機会とすることで、選手自身の人間力を育んでいけると捉えています。講義を受講する子どもたちもそうですが、ここで一番の学びを得られるのは、自身の思考をアウトプットする講師（選手）でもあるのです。

講義を行って、自分の思いを口にすることによって、自分の発した言葉に責任が生まれます。脳科学的にも、自分で言葉にすることによって、実行しようという意欲が湧いてくるということが分かっています。だからこそ、そういう機会を作りたいと思っていました。

講義を聞いている子どもたちは全員がサッカー好きなわけではないですし、サッカーに対する知識があるわけではもありません。だから日ごろ選手同士で使っている言葉では伝わらないんです。子どもたちにもしっかり伝わる言葉で話をしないといけない。それは決して簡単なことではありません。そういう経験をすることによって、選手たちのコミュニケーション能力はさらに高まると思いますし、いろんな意味で選手の成長につながると思っています。そして、子どもたちにとってもきっと刺激になることでしょう。

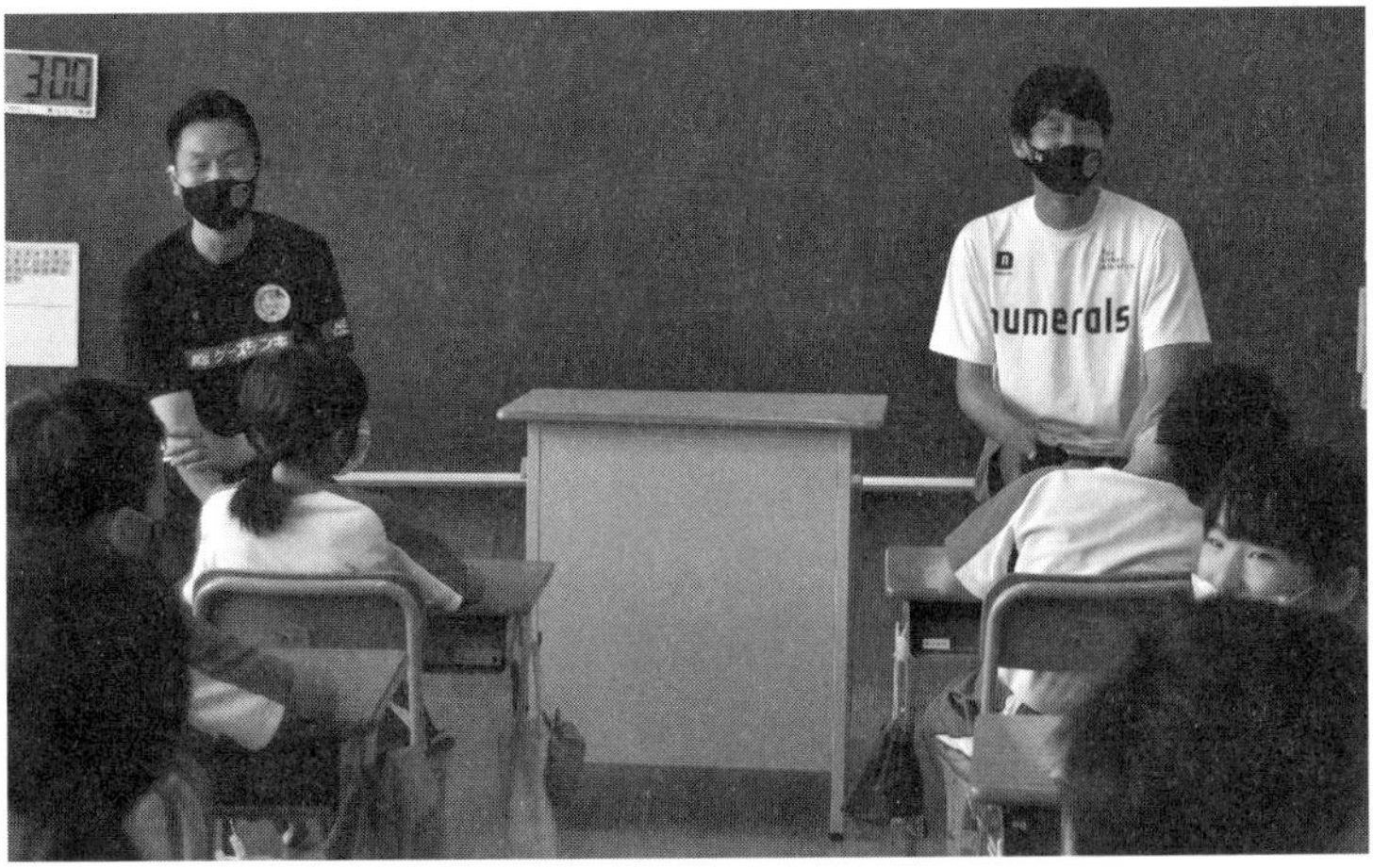
子どもたちに自分の言葉で伝える経験は選手たちの人間的な成長にもつながっている

全国トップレベルの農業県でもある茨城だからこそ可能性のある新たなプロジェクトをスタートさせた

農業プロジェクトの始動

２０１６年に水戸に来てから、ずっとこの地域のことを考えてきました。そして、茨城県は何と言っても一次産業が盛んな地域だということを知りました。つまり、全国トップレベルの農業県なのです。そこに対して、ずっとアプローチしたいという考えを持っており、クラブとしていつそこに踏み出すべきかを見計らっていました。

何か新しい事を始める際には、タイミングが重要で、その時の組織風土や、直近での組織の成功体験などが少なからず影響を与えます。また、最小単位は人なので、決裁者のマインドがどのような状態にあるのかも重要です。

先にも話したように、２０２０年にクラブ内には新規事業部が立ち上げられました。そこで、ＶＯＮＤＳ市原時代に一緒に仕事をしていた佐野元則を採用し、新規事業として、新たな分野、農業にチャレンジすることにしました。まず最初に自分と佐野とでオンラインによる農業の講義を受けることから始まり、農業の知識だけでなく、事業計画の作り方なども学びました。そして、アツマーレのある城里町に1000平米の農地を借りて、実際に農業をやってみることにしたんです。

そして2021年9月、「GRASS ROOTS FARM」という農業ブランドを立ち上げ、新たなプロジェクトを発足させました。

GRASS ROOTS FARMは以下の3つの考えを持っています。

①Productsを作る

私たち自身で畑を持ち、土を触り、土づくりから栽培、収穫（時には加工）、販売まで行う。

②Productsを支援する

農業で地域を盛り上げようとしている方々を、広報や販路を増やすという側面から支援していく

③JAとともに地域を発展させる

農業から地域を元気に発展させていく

まず、第一歩としてニンニクの栽培から始めました。その理

由は、有識者の方に『ニンニクは難易度が高いけれども、もしニンニクが育つ土壌であれば、他のものも作りやすいので、まずは手始めにやってみるのはどうだろう』と言われ、これからいろいろな作物に挑戦していくうえで、せっかくやるのであれば難しいものからスタートするのもいいのでは、と思い、挑戦することを決めました。その結果、ニンニク栽培が一定の量の収穫に至れたことは、我々にとって大きな自信となりました。

その後は小松菜、大根、ホウレンソウ、玉ねぎなどにも挑戦していきました。霜などの影響で一部農作物がダメになってしまうなど、すべて順調に進んだわけではありませんでしたが、農業の大変さを知ることができたことも我々にとっては貴重な経験となりました。

2022年からはスタジアムで地域の特産品を販売する事業も始動させた

農事業を立ち上げた責任者の佐野元則にとっては、苦労の連続だったと思いますが、見事に0から1を作って見せました。これからまだまだ成長フェーズを歩み続けていかないといけない水戸

収穫したニンニクの皮をむく作業は選手だけでなく、地域の人にも協力してもらった

ホーリーホックにとって、新たなことを切り拓いていくべくパイオニア精神をもった人材は非常に重要になってきます。これからも積極的にそのような人材を採用していきたいと思っています。

さらに２０２２年からGRASS ROOTS FARMでは「スタジアムでの道の駅化」として、「GRASS ROOTS FARMブース」で地域の特産品を販売する事業をスタートさせました。そして、収穫した農産物を試合会場の「GRASS ROOTS FARMブース」で販売したところ、サポーターのみなさんが購入してくれました。

また、選りすぐりの農産物・特産物を毎月購入者にお届けする、野菜の「サブスクリプションサービス」も始めました。月に1回、限りなく農薬や化成肥料を与えるのを少なくし、減農薬にこだわった野菜を各ご家庭にお届けするとともに、水戸ホーリーホックのホームタウン15市町村を中心とした茨城県産の特産物も同梱しています。

サッカークラブが農業に参入する3つの理由

サッカークラブである水戸ホーリーホックが農業に参入する理由は、主に3つあります。まず、地域課題の解決への貢献です。茨城県は農業経営体数が全国1位、農業産出額が全国3位の農業大国です。一方で、農業従事者の高齢化や後継者不足、耕作放棄地が全国でもトップクラスという課題があります。

我々が一次産業に関わったとしても、いきなり課題が解決するわけではありません。それでも、少しでも多くの人にその問題を知ってもらう機会を作ったり、一緒に参加する場を作ったりすることはできると思ったんです。特に「発信」という点に関しては貢献できると考えました。熱狂的なファン・サポーターや地域の繋がりがあるサッカークラブの力を最大限使って、広報、販路、ブランディングといった出口戦略が弱いとされる農業が抱える課題の解決に取り組もうとしています。

そして、「食」に関してはスポーツと親和性が高いので、相性もいいだろうということで、自分たちがやるべきことだという思いもありました。我々がアクションを起こすことによって、周りの方々に知ってもらったり、巻き込んだりできるんじゃないかと考えるようになっていったんです。

2つ目は「サッカー×農業＝ブランディング」です。

水戸ホーリーホックの農業は、籾殻を発酵させて製造した有機堆肥「もみがらぼかし農法」などを採用した有機栽培にこだわっています。また、高品質な農作物を追求するだけでなく、トップ選手をはじめ、アカデミー選手らにも農作業に参加してもらうようにしています。またスクール生、サポーターの方々にも農業体験を楽しんでもらいながら、圃場も交流の場や子どもたちへの情操教育の場となるオープンな参加型農業にしていこうとしています。

そうすることによって、唯一無二のブランドストーリーを持ち、付加価値の高い収益性を持った農作物となると思っています。

また、常にSNSで発信をすることで、クラブ一丸となってゼロから農業に奮闘する姿を通じて、生産者の顔が見える安心安全の農作物の提供を目指しています。

3つ目は、収益増加のためです。

農業に参入して1年強ですが、ものすごく可能性があると思っています。これからもっと広げていけるという手ごたえを感じています。

クラブの経営を考えた時、JクラブはJリーグからの分配金、スポンサー、入場料、物販、アカデミー収入といった5つの収益の柱がありますが、コロナ禍で先行きが不透明な状況が続いています。今後はその5つの柱に頼ることからいかに脱却するかが大事で、どのクラブもそれを考えていると思います。

では、そのためにはどうするか。小さくても一歩を踏み出すことが重要なのです。何が成功するか分からないので、いろんなことをやっていかないといけません。その一つが農業であり、GRASS ROOTS FARMだと考えています。クラブとして事業の多角化で有事に備えたリスクヘッジを図り、将来的には今回スタートする農業事業を全収益の10％程度に成長させ、6つ目の柱にしたい考えを持っています。

さらに人の資本となるのは身体です。そして、身体を作るのは食なのです。サッカーは興業であり、エンターテイメントであって、逆に人の暮らしに必要不可欠なものではありません。水戸ホーリーホックにより多くの方に触れてもらうためにも、日々の生活の中での必需品を売ることにも挑戦していきたい。クラブの理念である『地域に根ざし、地域と歩み、地域に貢献し、地域共に発展します』という言葉を体現する意味でも一つの取り組みになるのではないかと思います。

農事業を始めたことによって、様々なことに繋がりつつあります。これからは福祉の分野にも進出しようと考えています。高齢、障害、児童、様々な福祉をテーマにしたことが、地域課題としてあるので、そこには向き合っていきたいと思っています。コロナのような特殊な状況は全く想像してませんでしたが、２０２０年に水戸ホーリーホックに新規事業部が立ち上がったことは大きいです。クラブの歴史の分岐点といっても良いと思います。

今後の地方クラブのモデルに

サッカークラブがサッカー以外の分野に参加することに私は大きな意義があると思っています。先ほどお話した国家的視野はまさにそういう意味合いがあるのではないでしょうか。水戸藩は海外から圧力を受ける中、国の未来を憂いて「尊王攘夷」という概念を立ち上げ、日本を一つにしようとしました。当時はまだ藩が一つの国のように独立していた時代です。その頃から水戸藩は自分たち主体で考えるのではなく、社会の繁栄や日本全体のことを考えるマクロ的視点を持っていたのです。だから、我々もそういった視点を持ちながら、恐れることなく、ファーストペンギンになって、パイオニア精神を発揮して、新たな道を、時代を切り拓いていきたいと思っています。それがきっと今後のJリーグのためになると思います。そして、今後の地方クラブ、地方活性のモデルにもなっていきたいと考えています。

最初にも書きましたが、新しい事を始めるときにはタイミングが重要です。2020年というタイミングは、2018年に新たに立ち上げたMake Value Projectも軌道に乗り、クラブの独自性になっていました。そして、コロナ禍でもいち早くオンライン化に対応して、ずっと実施は続けられていました。また2019年には競技面でもクラブ最高順位を更新し、プレーオフまであと一歩というところまで来て、周りからの期待値を上げることができていたタイミングでした。

コロナになったばかりで先が見えない中ではありますが、こういうときだからこそできることをやってみようという風土が芽生え始めていたので、それも追い風になったと思います。

種を蒔いた後に、芽を出し、花が咲くかは、土壌（組織風土）と水（フォロー）が大切です。新たな種を蒔いても確率高く、それが実をつけれるような組織状態を作っていくことこそが私の目指しているところです。

第9章

新たなチーム強化のサイクル

第6章でもお話したように、ここ数年で選手を獲得しやすくなりました。感触的に以前とはだいぶ変わり、水戸に対するエージェントサイドやJ1クラブからの信頼はかなり高まってきているような気がします。

これからの若手や新人に関して、J2のクラブと競合しても獲得できる確率が高まってきています。2022シーズンに獲得した杉浦文哉（明治大学から加入）も髙岸憲伸（中央大学から加入）も他J2クラブと競合しましたが、水戸を選んできてくれました。2023シーズンに獲得した寺沼星文（桐蔭横浜大学から加入）と井上怜（東洋大学から加入）、春名竜聖（セレッソ大阪ユースから加入）も同様です。

井上に関しては、早くから興味を持っていて、練習参加に誘っていたのですが、コロナの影響などでなかなか実現しませんでした。縁がないのかなと思っていたところ、8月28日に行われたエリートリーグ栃木SC戦に練習生としてやっと参加することができたのです。彼はそれまでに他J2クラブからオファーがありながらも、水戸の練習に参加するまで返事をしなかったそうです。そして、そのエリートリーグでの活躍を評価してオファーを出したところ、加入を決めてくれました。ずっと水戸に興味を持っていてくれたみたいです。大学生からそういう評価を受けていることがうれしかったですね。

2023年シーズンに向けて、新たに仲間に加わってくれた選手たち

とはいえ、J1チームやJ2上位チームが狙うような大学選抜クラスの主力選手を獲得することはできていません。そこは次の課題だと感じています。ただ、大学生からの評価が変わっていることは間違いありません。

ここ数年、オファーを出して不調に終わった選手はごくわずかです。2023シーズンに向けては1人だけでした。しかしながら2022シーズンに向けては2021シーズン夏に育成型期限付き移籍で加入して活躍を見せた伊藤涼太郎（現・アルビレックス新潟）と藤尾翔太（現・セレッソ大阪）を残そうと条件提示を出しましたが、不調に終わりました。

水戸にとっての高額年俸者をどうやって獲得するか、また慰留させるかが次のフェーズの課題だと感じています。

継続性とマイナーチェンジ

2020シーズンから3シーズンにわたり指揮を執っていただいた秋葉忠宏監督と双方の話し合いの末、2022シーズン限りでの退任が決まりました。我々も条件面を上げて満足いく提示をすることができませんでしたし、4年目だからといって、選手人件費を大きく上乗せすることもできず、現状維持という条件でのチーム作りになることを伝えました。

秋葉さんもこのような状況で4年目をやるべきかどうか悩んだようです。そういうことについて、丁寧に話し合いを重ねたところ、一度仕切り直そうという結論になりました。3シーズンにわたり、チームを強くするために尽力していただいた秋葉さんには感謝の思いしかありません。

そして、新監督は濱崎芳己ヘッドコーチにお願いすることとなりました。以前から内部から監督を選ぶという形を作っていきたいという考えはありました。実は、監督と強化部の考え方を合わせることは簡単なことではありません。どんなに交渉時に話しても、やってみてもらわないとわからないというのが、長谷部さん、秋葉さんの時にも感じたことです。

だからこそ、監督とはしっかりと時間をかけて話し合うことは必要です。自分が考えて、選手を獲得して、チームマネジメントしていく中で、監督とチーム作りや目指すべき方向性への理解をすり合わせる時間が事前にあることはとても有効です。そういう意味で濱崎さんとは2年間いろいろとサッカー観や水戸ホーリーホックのサッカー、選手に対してディスカッションを繰り返してきました。さらには練習試合やエリートリーグを通して濱崎さんはいろんなことにトライしてきました。ヘッドコーチ時代からお互いのサッカー観を一定の期間すでにディスカッションできたことはものすごく大きいことでした。

その中で我々と同じ絵を描いてくれそうだという実感もあったので、新監督に濱崎さんを選びました。濱崎さんに監督をお願いできることに対して、私はすごく期待感を持っています。そして、これまで通りクラブとしていろんな角度からサポートしていきたいと思います。

日本人が得意としているのはアレンジすることなんだと思っています。森保一さん（現・日本代表監督）がサンフレッチェ広島で成功を収めたのも、前任のペトロビッチ監督（現・北海道コンサドーレ札幌監督）の戦術をアレンジしたからであり、川崎フロンターレの鬼木達さんもそうですね。

またアカデミーからの内部昇格などを含めた、その流れはJリーグ界で続いていて、２０２２シーズンのアルビレックス新潟やセレッソ大阪もそうでした。Ｊリーグの中で中長期的なビジョンを持ってチーム作りをしているクラブが増えていると思います。

Ｃ大阪で当時トップの監督経験もなく、プロ選手としての経験もなかった小菊昭雄さんに監督を任せることは、チーム統括部長の梶野智さんとしても相当勇気が必要だったと思うんですよ。Ｊ１のチームにおいてそのようなキャリアの人をトップの監督として選ぶことは、大変だったと思います。

新潟もあれだけファン・サポーターの熱気がある中で、意図的か偶発的か分かりませんが、トップチームでコーチを務めていた松橋力蔵さんに、トップの監督経験がないにもかかわらず監督を任せたことによって結果を出すことができています。そういったチーム作りはJリーグの中で起きている新しい流れだと思っています。私もずっとそれが理想だと思っていました。そういう意味で2023シーズンは水戸にとってすごく重要なシーズンになると思っています。

そして、チーム編成については、フルモデルチェンジするのではなく、マイナーチェンジを繰り返していくという中で、少しずつブラッシュアップをしていくのが理想です。毎年、水戸は選手の入れ替わりが激しく、多くの主力選手が他チームに移籍してしまうのですが、2023シーズンに向けては主力選手の移籍を最小限に抑えることができ、約3分の2の選手がチームに残ってくれました。だからきっと一定の継続性は出せると思っています。

監督は交代しましたが、新監督の濱崎さんは2年間コーチを務めており、選手の特長も理解していますし、チームの方向性も熟知しています。そういう意味で継続性を出しながら、少しずつブラッシュアップをしていくということには適任だと思っています。

戦術面も含めて、ガラッとは変えないですけど、ある種の小さな軌道修正を繰り返し続ける。それが今風なチーム作りだと思います。新しいビジネスを立ち上げる時も小さく軌道修正しながら目的地に進んでいく。そのためには仮説と検証を短いスパンの中で繰り返し続けることが大切になります。

育成システム、サポート体制の成功例

２０２３シーズンのチームには30歳以上のフィールドプレーヤーがいません。２０２２シーズンはＪリーグの中で一番若いチームでしたが、今季はさらに若くなりました。重要なのは、それができる仕組みや体制があるかどうかだと思います。我々にとって、〝若返り〟は決して賭けではありません。若い選手を獲って、鍛えていける、教育していけるシステムが今の水戸ホーリーホックには出来上がりつつあるからこそ、若い選手たち中心のチーム作りができるのです。

テクニカルスタッフでは、森直樹とＧＫコーチの河野高宏は13年間トップチームのコーチを務めています。すでに濱崎さんを含めて、５人の監督と仕事をしてきてますし、良い事を継続しつつ、変えるべき事は変えていく。彼等の水戸ホーリーホックへの想いと、クラブと自身の成長や進化への意欲もこの選手育成の仕組みを成り立たせている重要な要素です。

もう1人あえてあげるとすれば、選手でありますが、ＧＫ本間幸司の存在は格別です。25年ひとつのクラブに在籍し続ける、水戸だけでなく、Ｊリーグ界を代表するレジェンドです。地元である茨城への想いを強く持っており、誰よりもクラブに対して忠誠心を持って取り組んでくれます。入れ替わりが激しいチーム事情にあって非常に大きな存在です。彼の言動を様々な選手たちが目の当たりにして、水戸の地で闘う意味を短期間で胸に刻み込んでいくのです。

また若い選手を獲得して、育てる仕組みづくりの成果が顕著に表れた例として、２０２０年夏に

加入して2年半という期間で水戸の守備のリーダーにまで成長した鈴木喜丈が挙げられます。ユースやFC東京U－20でのプレーを見て、非常に才能のある選手だと感じましたし、いつか水戸に欲しいと思っていました。FC東京時代に大きなけがをしてしまい、2年間まったくプレーすることができませんでした。復帰してもなかなか出場機会を与えてもらえなかった状況で、オファーを出して、期限付き移籍で水戸に加入することとなったんです。やはり2年間プレーしていなかっただけに、そこから状態を戻して、けがする前の能力を発揮させる作業は難易度的にすごく高かったです。最初の半年は正直なところ、彼の能力をまったく発揮することができていませんでした。

でも、元々高いポテンシャルを持っている選手なので、状態を戻せば、間違いなく活躍できるようになると思っていました。だからこそ、２０２１シーズンも期限付き期間を延長して、水戸に在籍させました。じっくり時間をかけながら、コンディションを戻していって、徐々にセンターバッ

水戸一筋25年、チームのバンディエラ本間幸司。若手選手たちのお手本として、その存在感は別格

クとして素晴らしいパフォーマンスを見せてくれるようになりました。2021シーズン途中にレギュラーを獲得し、2022シーズンは完全移籍で水戸に加入して、シーズン通して守備のリーダーとしてチームを支えてくれました。

この時も、試合にたどり着くまでの、なかなかうまくいかないときのメンタル的なフォローや、実質的なサッカー面の壁打ち役はコーチの佐藤亮佑が担いました。業務と割り切ることはできないくらい、選手に寄り添い続ける姿勢は、水戸の育成を支える存在として欠かせません。そして、鈴木は水戸での活躍が認められて、シーズン終了後にファジアーノ岡山に引き抜かれました。

2年間サッカーができなかった彼のコンディションを上げて、J2レベルで活躍させて、他のクラブから欲しいという選手に育てたということはクラブの価値を高めたと思っています。

さらに大きなけがをした選手でも、コンディションを戻してプレーできるようになるという

じっくり時間かけながらけがを完治させ、守備のリーダーとしてチームを支えてくれた鈴木喜丈

ことを証明できたと思っています。
鈴木に関しては、水戸のメディカルスタッフだけでなく、外部とも協力しながら、けがを治してコンディションを高めていきました。その仕組みを持っているからこそ、鈴木喜丈は再生することができたんです。水戸に来た当初、本当に動けなくて、どうしようかと思いましたが、獲得したかいがありました。まさに彼は水戸の育成システムの成功例です。選手を活躍させるための水戸のサポート体制はどんどん厚くすることができています。

大卒選手が成長する土壌

以下はここ数年、水戸が獲得した大卒出身選手たちです。

2017年
外山凌（阪南大学から加入）
1年目　21試合出場　6試合先発　635分　1得点
2年目　6試合出場　106分　8月にJ3秋田に期限付き移籍　14試合出場3得点
3年目　13試合出場　10試合先発　974分
4年目　34試合出場　26試合先発　2443分　1得点

シーズン後、Ｊ２松本に移籍→23シーズンはＪ２徳島に移籍

２０１８年
ンドカ・ボニフェイス（日本体育大学から加入）
１年目　5試合出場　2試合先発　１６２分
２年目　18試合出場　17試合先発　１４３０分　１得点
３年目　37試合出場　36試合先発　３２７７分　４得点
シーズン後、Ｊ２東京Ｖに移籍→23シーズンはＪ１横浜ＦＣに移籍

平野佑一（国士舘大学から加入）
１年目　5試合出場　1試合先発　２１７分　１得点
２年目　20試合出場　15試合先発　１２８３分
３年目　24試合出場　20試合先発　１５６４分
４年目　19試合出場　18試合先発　１６１９分　８月にＪ１浦和に完全移籍

２０１９年
村田航一（明治大学から加入）

1年目　30試合出場　9試合先発　895分　2得点
2年目　16試合出場　10試合先発　763分　2得点
3年目　31試合出場　23試合先発　1948分
4年目　17試合出場　13試合先発　1075分　1得点

平塚悠知（札幌大学から加入）
1年目　7試合出場　1試合先発　144分
2年目　24試合出場　18試合先発　1626分　2得点
3年目　21試合出場　10試合先発　1025分
4年目　24試合出場　19試合先発　1520分　8月にJ1福岡に完全移籍

浅野雄也（大阪体育大学から加入）
1年目　34試合出場　9試合先発　1172分　4得点　8月にJ1広島に完全移籍。その後、期限付き移籍の形でシーズン終了後まで水戸でプレー→23シーズンは札幌に移籍

2020年
松崎快（東洋大学から加入）

1年目　33試合出場　13試合先発　1325分　1得点
2年目　41試合出場　31試合先発　2652分　8得点
シーズン後、J1浦和に移籍

住吉ジェラニレショーン（国士舘大学から加入）
1年目　27試合出場　23試合先発　1958分　1得点
2年目　21試合出場　21試合先発　1873分　1得点　7月にJ1広島に完全移籍

2021年
大崎航詩（大阪体育大学から加入）
1年目　29試合出場　25試合先発　2319分　3得点
2年目　31試合出場　25試合先発　2304分

三國スティビアエブス（順天堂大学から加入）
1年目　17試合出場　9試合先発　936分
2年目　4試合出場　2試合先発　232分　6月にJ3岐阜に期限付き移籍　4試合出場　23
シーズンはJ3岐阜に完全移籍

2022年
後藤田亘輝　（青山学院大学から加入）
　1年目　13試合出場　7試合先発　761分
高岸憲伸　（中央大学から加入）
　1年目　24試合出場　12試合先発　1086分
杉浦文哉　（明治大学から加入）
　1年目　18試合出場　11試合先発　834分　1得点

2016年から水戸の強化部長を務め、数多くの大卒選手を獲得してきました。ほとんどの選手がチームの主力に成長して、その活躍が認められて、ステップアップしていきました。中には少し時間がかかった選手もいますが、それでも、クラブに大卒選手が成長する土壌ができているように感じています。

そして2022シーズンに獲得した3人はシーズン序盤こそ出場機会に恵まれませんでしたが、シーズン後半戦は出場機会を増やして、活躍を見せてくれました。強化担当者として、非常に喜ばしいことでした。3人に共通して言えるのは自己認識が高いということ。つまり、試合に出てみて、自分に足りないものと足りているところをちゃんと理解した上で、足りないものを補い、足りているところを強みとして出すことを、彼ら自身が認識して取り組み続けています。それがリーグ後半戦の高い出場率につながったと思っています。

強化部としての次のミッション

これからはさらに高卒選手を獲得して、育てていきたいとも考えています。2021年に柳町魁耀《かいよう》（鹿島アントラーズユースから加入）、山田奈央（浦和レッズユースから加入）、2022年には松田隼風《はやて》（JFAアカデミー福島から加入）、2023シーズンに向けては春名竜聖（セレッソ大阪U－18から加入）を獲得しました。彼らをしっかり成長させて、チームの軸になるようにしていきたい。それは強化部としての次のミッションだと考えています。

今挙げた選手のうち柳町以外は年代別代表に選ばれた実績があり、松田と春名は現在年代別代表の主力選手です。代表の経歴を持つ選手が水戸に来てくれることは数年前まであまりなかったと思うんですよ。日本代表の未来のためにも、そういう選手は大切に育てていかないといけないと思っています。

松田と春名の獲得経緯は似ていて、秋葉忠宏前監督と濱崎芳己監督ともに、過去に年代別日本代表で指導していたことから、代表関係のネットワークがあるんです。その中で水戸にもそのような情報が届きました。「良い選手」だということは代表スタッフから情報が入っていたので、一度見てみようということで練習参加に繋がり、獲得を決めました。

アンダー世代の指導者や関係者から水戸が評価される点について、タイトな日程でも練習試合を行っていて、若い選手たちに試合機会を与えていることがあるそうです。コロナ禍の過密日程でも、我々は年代別日本代表から練習試合を申し込まれたら、積極的に受けていました。そこでいろんな情報を得られたことは大きい。代表チームが相手でなくても、リーグ戦翌日にはできる限り、多くのトレーニングマッチを組もうとしています。若い選手が成長するためには試合経験が必要です。もちろん、公式戦に出場することが最も成長できますが、全員が公式戦に出場できるわけではありません。公式戦の出場機会が恵まれない選手にも試合経験を積ませるためにどんどんトレーニングマッチをやらせるべきだというのが水戸のスタンスです。中には試合に出ている選手のコンディションだけを重視するため、あまりトレーニングマッチを組まないクラブもあるのが現実ですが、我々は違います。そういうところをアンダー世代の指導者や関係者は見ているんです。

実際、フットボール委員会でも若い選手の育成についてよく議論が行われます。内田篤人さん（日本サッカー協会・ロールモデルコーチ）が言うには、海外のスカウトは21歳以下の選手をまず見るそうです。だから、大卒の選手はその時点でスカウトの目に留まりにくいんです。とはいえ、長友佑都選手（FC東京）、三笘薫選手（ブライトン）や、旗手怜央選手（セルティックFC）など、まだまだ多くの大卒選手が海外で活躍することで、そのような見られ方も今後変わっていくかも知れません。日本サッカーを強化するためにも、海外のクラブで活躍する選手を増やしていかなければなりません。そのためにも若い選手をどうやって育てていくかは日本サッカーの抱える大きな課題なのです。そういうところを我々も意識して取り組む必要があると思っています。

U－20ワールドカップで活躍したチームはその後のワールドカップでも好成績を上げています。U－20を強化するためにも、高卒選手が多くの試合に出るような環境をサッカー界全体で作らないといけないという話はよく出ています。そういう意味で水戸に代表選手が2年連続で加入しているということにはすごく意義があると思っています。同時に、それだけ大きな責任を背負っているという自覚もあります。これから彼らの状態は常に見られていると思うので、上手に育てていかないといけないと思っています。

チームは生き物

若い選手の育成に定評がある秋葉前監督が退任しましたが、今のところ、想定していたより選手獲得に影響は少なく済んだ印象です。昨年オファーを出したのに断られた選手が、今年は水戸に来てくれましたし、昨年秋葉前監督が呼んだ選手が今年も残ってくれたというケースもあります。

濱崎新監督が就任して、秋葉前監督が良い意味で植え付けてくれた戦う姿勢や前に行く姿勢を維持させながら、さらなる緻密さ、細かなロジックを組み込んでくれるんじゃないかと期待しています。

チームは生き物で、前年にあった傾向がよくも悪くも影響するんです。監督交代しても、同じタイプの監督では選手には刺激になりづらい。秋葉前監督と濱崎新監督は異なるタイプの監督なので、濱崎新監督の言葉が選手たちからすると新鮮なものとして響いたり、刺さったりする可能性が高い。濱崎新監督は冷静で論理的で、選手を主役にするタイプです。これまでとは違った化学反応が起きることを予想しています。

そして、ヘッドコーチに就任した安田好隆にも注目してください。大分トリニータがＪ１昇格した時、片野坂知宏監督の右腕としてチームを支えたコーチです。選手としてプロにはなっていませんが、若くして指導者の道に進み、メキシコのチームでの指導経験があり、モウリーニョ（ＡＳローマ監督）が通ったことで有名なポルトガルのポルト大学でスポーツ学部大学院に進学して、「戦術的ピリオタイゼーション」を学んだ経歴を持っている指導者なんです。非常に論理的で、勉強熱心な人なのですが、すごく明るくて、情熱的で、エモーショナルな一面もある。濱崎監督とは異なるキャラクターを前面に出して、チームを前に進めていってくれるのではと思っています。

注目は今シーズンのロアッソ熊本

クラブは着実に成長を見せてはいるものの、まだまだ課題は山積みで、やらなければならないことだらけです。これから目指すべきフェーズは中位から上位。ここ数年、中位をキープすることはできているので、次は上位に居続けられるようにしたい。それが次のフェーズだと考えています。そのためにも、水戸における高額年俸選手を上手に抱え続けられる、もしくは、獲得できる体制を作っていかないといけないと思います。経営的にクラブとしてもっと大きくならないといけないと思っています。

そういう意味で、昨シーズンJ1昇格まであと一歩のところまで迫ったロアッソ熊本の今シーズンの戦いぶりには注目しています。経営規模の小さなクラブでも何年かに一度良いチームはできるんです。でも、そうすると、多くの選手が引き抜かれてしまうんですよ。そして、次のシーズンが不安定になってしまいます。そういう状況が起きている限り、「選ばれるクラブ」にはなれないんです。

ここ数年、水戸が選ばれるようになってきたのは、多くの選手が引き抜かれても中位に安定しているからなんです。中位をキープし続けながら、毎年複数人個人昇格する選手を輩出しているから、評価をしていただけるようになっています。

ある大学の学生に調べてもらったんですけど、J2のチームで、J1に選手を輩出している人数は水戸が他のチームよりはるかに多いそうです。それはデータで証明されているわけです。そういう事実を作ることができているのです。

2021年の水戸と昨年の熊本は似ていて、その後も一定のところで踏みとどまれるかどうかが大事になると思います。そういう意味で熊本の２０２３シーズンのチーム作りには注目しています。少なくとも、水戸はその状態を乗り越えることができました。現状を継続していくことが大事で、さらに中位に留まるのではなく、上位に安定するトライをしていかないといけない。そこが今後の水戸にとっての課題だと思っています。

サッカー〝も〟できる人材を育てる

また、現状においてアカデミーも大きな課題の一つです。昨年まで8人の選手がユースからトップに昇格しましたが、まだ1人もトップチームで結果を出し、3年以上在籍した選手はいません。昨季、「高円宮杯ＪＦＡ Ｕ-18サッカーリーグ茨城２０２２」の1部で日本代表ＦＷ上田綺世選手が鹿島学園高校時代に打ち立てた得点記録を更新した内田優晟《ゆうせい》選手が今季ユースからトップに昇格しました。プロの舞台で活躍して、トップチームに定着する新たな流れを作ってもらいたいと期待しています。

アカデミーで良い選手を育てるということは、良い指導者を育てるところから始めないといけません。選手の質を高めるためにも、指導者の質を高めることが重要なんです。水戸のアカデミーは『サッカー〝も〟できる人材を育てる』ことをテーマとして掲げています。ならば、指導者に関しても『サッカー〝も〟』という切り口で語ることができないといけないと思っています。サッカーも、それ以外のことも知らないと良い指導はできないと思います。その『も』が差すものは社会だと思っています。サッカーも社会の一部なんですが、アカデミーの指導者に対してもサッカー以外の社会を見る機会を作りたいと考えています。

アカデミーの子どもたちのゴールは何かというと、プロサッカー選手になって活躍することではなくて、社会で活躍できることだと思っています。そのための手段の一つとしてサッカーがある。サッカーのエキスパートになれなかったとしても、違う業界で活躍できるような状態になっていれば、アカデミーの育成としては成功だと我々は考えています。そういう価値観や世界観を作っていきたいです。

そういう意味で、今季トップチームのトレーナーに就任した谷口徹は成功モデルの一人だと言えます。水戸ユース出身で、高校卒業後はメディカルの道に進み、理学療法士として働きながら2019年からは日本オリンピック委員会強化スタッフとしても活動して、今季からチームに加わりました。選手としてではなくても、アカデミーで育った人がこうやってチームに携わってくれるようになるのはすごく嬉しいことです。これからもサッカー業界やスポーツ業界でなくても、様々な職種で活躍する人材をアカデミーから輩出していきたいです。出発点が水戸ホーリーホックのアカデミーであり、そこで経験したことが社会で活かせるということを体系化していきたいと考えています。

もちろん、選手としての強化も力を入れていますが、ピッチ外での教育もしっかりやっていかないといけません。才能豊かな選手に来たいと思ってもらうためにはそういう世界観を持つことが大切だと考えています。サッカーの世界でも活躍してもらいたいし、それ以外の世界でも活躍できるスキルを身につけてもらいたい。そのためのプログラムを持ち、そのための人材を揃えることによって、より質の高いタレントが来てくれるようになると思うんです。『独自性、収益性、関係性』は今年のクラブのテーマです。まず、明確な『独自性』を作ることによって、選んでもらえる状態にしていくことが大切だと思っています。その上でサッカーという専門的な領域をどこまで深く掘り下げていけるかを突き詰めていきたい。

我々は昨年にトップの若手選手とアカデミー選手用の選手寮を新築しました。さらに現在はアカデミーの拠点となる練習場の整備にも取り掛かっています。アツマーレが出来た時にも感じましたが、ハード面が良くなることによって、間違いなく良い効果が生まれます。とはいえ、ハードを整備するだけではダメなんです。ハードを最大限に生かすためのソフト面の仕組みを充実させていくことこそ、大切だと考えています。その取り組みをこれから行っていきます。

フットボール委員会

これまで何度か名前を挙げさせていただきましたが、今年Jリーグ内で発足した「フットボール委員会」のメンバーに選んでいただきました。フットボール委員会発足の目的は以下の5つ。

①フットボール戦略に関する事項の検討・立案
②強化・育成に関する事項の検討・立案
③試合日程・リーグ構造・大会方式に関する事項の検討・立案
④フットボールの魅力向上に関する事項の検討・立案
⑤その他フットボールに関する各種制度等の検討・立案

メンバーは以下の通り
○委員長
窪田慎二（Jリーグ理事）
○委員
反町康治（Jリーグ理事／公益財団法人日本サッカー協会 理事 技術委員会 委員長）
宮本恒靖（Jリーグ理事／公益財団法人日本サッカー協会 理事 国際委員会 委員長）
立石敬之（Jリーグ理事／シント・トロイデン CEO）
大倉智（Jリーグ理事／株式会社いわきスポーツクラブ 代表取締役社長）
森島寛晃（Jリーグ理事／株式会社セレッソ大阪 代表取締役社長）
内田篤人（Jリーグ特任理事／公益財団法人日本サッカー協会 ロールモデルコーチ／シャルケ チー

ムアンバサダー）
中村憲剛（Jリーグ特任理事／Frontale Relations Organizer／公益財団法人日本サッカー協会ロールモデルコーチ／JFA Growth Strategist）
三上大勝（株式会社コンサドーレ 代表取締役GM）
鈴木満（株式会社鹿島アントラーズ・エフ・シー 強化アドバイザー）
足立修（株式会社サンフレッチェ広島 強化部長）
西村卓朗（株式会社フットボールクラブ水戸ホーリーホック 取締役ゼネラルマネージャー）
小林伸二（株式会社ギラヴァンツ北九州 スポーツダイレクター）

このようなメンバーの中に選んでいただいたことを光栄に思っています。以前実施されていたアカデミーリーダーチーム（通称ALT）というJリーグの中におけるこれからのアカデミーを考える分科会にも声をかけて頂きました。あとは強化担当同士のやり取りで鈴木満さんなどが私を面白がってくれて、認めてくれたのかもしれません。

話し合いの目的は日本サッカーのレベルアップについてです。そのために日本サッカー協会の反町康治さんや宮本恒靖さんが入っています。また、日本サッカーのレジェンドである中村憲剛さんと内田篤人さんもいます。様々な角度からどうすれば日本サッカーが強くなるかということを考える組織で、月に1～2度集まって議論をしています。

地方の市民クラブとしての視点

フットボール委員会は多様な立場の人が選ばれているところに面白さを感じています。鈴木満さんはJ1で常勝クラブを作った日本の強化担当のトップの方ですし、札幌の三上大勝さんはJ1もJ2も経験して、今は経営にも携わっている方。森島寛晃さんは元代表選手でありながら、現在はクラブの社長を務めている。広島の足立修さんは地方クラブでありながら、J1に居続けて、多くの有望な選手を輩出している。小林伸二さんは監督として結果を出しながら、今はJ3のクラブでGMをやっている。大倉智さんはいわきFCの立ち上げからクラブを牽引し、J2までものすごいスピードで昇格させました。

また日本サッカー協会の立場からも、日本代表強化の視点で、反町さん、宮本さんは活発に意見を述べています。中でも立石敬之さんの意見や、考え方は自分にとってとても刺激的です。世界から日本を見てどうしていくべきかなど、日本でもクラブ強化を経験されている方だけに、現実的でありながら、革新的な視点や、視座をお持ちです。

そのような方々の中で、私の役割は地方の市民クラブでの視点や、若手を育てる具体的な取り組み、経験値を期待されていると思っています。

J2〜J3で21歳以下の選手の出場時間によって奨励金が出されるという制度が２０２３シーズンからスタートしますが、その制度設計はアカデミーリーダーチーム時代の２０１９年度にはすでにありました。２０１８年の水戸はチーム内の21歳以下の選手の割合が高く、実際21歳以下の選手の累積出場時間が突出して多かったのです。そこで『水戸はどうやってチーム作りしているの？』とよく聞かれることがありました。そうした流れで奨励金の制度ができあがったのですが、試行するタイミングでコロナ禍に入ってしまい、配分金がなくなり、その制度が凍結していしました。それが今年復活するんです。だから、私はそういった件に関して意見することが多いです。

若くて能力の高い選手が上のカテゴリーに行ってしまうのは仕方がないけど、試合に出るという流れに乗れなかった若手を動かせる仕組みにしないと、日本サッカーの発展は鈍化してしまう。前述の通り、海外のスカウトが注目しているのはポストユース世代の主に21歳以下の選手なんです。そういう選手たちが試合に出られなかった時に動ける状況を作ることが大切だという話をしています。これから日本のサッカーが世界の頂点に立つためにも育成に力を入れることはマストです。だから、その話題は多いですよね。20歳以下の選手の強化がこれからの日本サッカーのカギを握っているのです。

「勝つ」ことから目を逸らしてはいけない

議論を通して、あらためて水戸の育成力に自信を持つことができましたし、向かっている方向は悪くないとは思っています。ただ、日本サッカー界という視点で考えた時、トップオブトップで獲得した高卒選手をどうやって育てていくかという点に的を絞った議論をしないといけないと思います。

現状において、Ｊ２クラブが獲得した高卒の選手が将来日本代表になる確率はそんなに高くないかもしれません。ただ、松田隼風や春名竜聖のような、年代別日本代表に選出されている選手がプロのファーストキャリアとしてＪ２の水戸を選んだことは今後に向けての前例になるかもしれません。水戸でキャリアをスタートしたから、その後良いレールに乗っていったという形になっていけば、高卒の有望選手がＪ２を選ぶケースが増えるかもしれません。そういう意味でも我々の取り組みは大きな使命を担っていると感じています。

チーム編成の時に強化担当が若い選手の序列をどう考えるか。そして、若い選手の力をいかに見極めるかが大事で、クラブとしても監督に対して評価基準を明確に伝えられるかどうかで変わっていくと思います。若い選手がいるポジションの選手層を上手にコントロールすることは重要です。そのために監督が起用を良い意味で迷う状態をどのように作るかが大切だと考えています。日本サッカーが考えている方向性を頭に入れながら、現実的なバランスもしっかり取れるようにしたい。その両方をいかに調整していくかが強化担当者としての手腕が問われるところになっていくと思います。

最近、人材育成の分野の人の話を聞いていると、求められる能力は「複雑な問題を解決するという能力」と言われていて、まさに今私に求められているところはそこだなと感じています。でも、状況に応じて、ベストな答えを、頭をひねり出していかないといけない。でも、全体的に目指している方向性やその理由を深く理解していないと、最後の最後で考えを絞り出すことができなくなります。割り切ってしまうのは簡単ですから。

秋葉前監督も「勝利」と「成長」の両方を考えながらトライし続けた3年間でした。簡単に「若手の育成」と割り切るのではなくて、その上で勝つこともこだわらないといけない。この本の趣旨は「育てて勝つ」だと思うのですが、2022シーズンの成績で「勝つ」という言葉を使っていいのか分かりませんが、成長を追いかけながら、現実として求められることにどう応えるかが我々には問われています。様々なステークホルダーがいて、その要求にこたえていかないといけないですから、「勝つ」ことから決して目を逸らしてはいけません。常にそこを考えながら取り組んでいくことが必要なのです。

「独自性」と「収益性」と「関係性」

さらに『選ばれるクラブ』になっていくことがすごく重要だと思っています。そういう視点において、経営企画室では今季から「独自性」と「収益性」と「関係性」という3つのキーワードが出てきています。その中で選ばれることにおいて「独自性」がすごく重要だと思っています。「関係性」はウェルビーイングという観点からしても、最後にそこを人は求めていく時代になっていくと思うので、強く打ち出していく必要がありますし、体現できる人材を採用していきたい。エンゲージメントの高い組織を水戸ホーリーホックとして目指し続けていきます。

良い組織というものの、結局それは何かというと、最小単位は1人の人なんです。能力がある人だけを集めるのではなく、この組織のため、このクラブのために仕事をしたいというエンゲージメントの高い人を集めていくことが大事だと思っています。でも、最初からエンゲージメントの高い人はいないんですよ。クラブに入ってきた人のエンゲージメントが高まっていくような組織風土や組織文化を作っていくことが大事だと思います。

選手においても、能力の高い選手だけを獲得することはお金さえあればできます。でも、いかに組織のためにとか、地域のためにとか、クラブのためにという想いを持ったうえで、その高い能力を発揮してもらうかが大事なんです。そのためにもクラブが何のために存在するのかという上位概念が必要です。

現状においては、水戸に加入する多くの選手はステップアップすることを目的に来ることが多いですが、途中からは「クラブのために」という思いを持ってくれるようになります。今までの傾向を見ると、「クラブのため」と「自分のため」をバランスよく合わせられるようになった選手が成長していくように感じています。その代表例が前述した鈴木喜丈です。

それは選手だけではありません。クラブの役員もそうですし、事業スタッフも、アカデミースタッフにも求められると思っています。それが水戸ホーリーホックとして目指すところです。

そもそも勝負の世界なので、チーム編成やチーム強化の手の内を見せてしまうことはよくないことなのかもしれません。ここまですべてをさらけ出すクラブはなかなかないでしょう。でも、問題ありません。というのは、これが水戸の土地柄なのかもしれませんが、水戸藩が掲げていた国家的視野とはそういうところだと思っています。そういう目線がこの地域には宿っているんだと思います。大切なのは、自分たちだけではありません。つまりは公共的な精神です。あの当時、藩が国ぐらいの存在だった中で尊皇攘夷を打ち出して日本を一つにしようという考えを出しましたし、そのための仕組みを作っていました。だから、吉田松陰たちが学びに来たわけです。そして、彼らにすべて伝えたんです。あの時に外部から来る人をシャットアウトしていたら、日本の発展はきっとなかったと思います。

時代で言うと、ITがこれだけ広がったのは効果的なオープンソースを皆で共有し、徹底的に皆で改良を加えてどんどん進化させていったということを、IT業界で働いていた相原大介から教わりました。非常に納得できます。それを抱え込んだ瞬間に発展性はなくなってしまいます。Make Value Projectをやりたいと言ってきた人にはすべてやり方を教えています。水戸ホーリーホックはこれからも常にオープンマインドな姿勢で活動していきたいと思っています。

第10章 そして、夢へ

水戸ホーリーホックの挑戦

世界で最もヒトが育つクラブへ

挑戦を続け、J1の舞台へ

J1昇格は絶対に達成したい。それは常に考えています。うまくかみ合えば実現できると思っています。Jリーグが始まって30年。J2は1999年からスタートしました。水戸は2000年から参入しましたが、当時J2にいたチームで一度もJ1昇格していないのは水戸だけなんです。当時水戸と同様に財政的な問題を抱えて下位に低迷していたサガン鳥栖やヴァンフォーレ甲府はすでにJ1昇格を果たしています。

我々は地方の市民クラブとして活動を続けています。大きな責任企業やオーナー企業がなくても、J1に昇格できることを証明したいと思っています。そして、鹿島アントラーズというビッグクラブが同県にあるという環境でも成功することができれば、小さな地方クラブの希望になれると考えています。

そのためにも既成概念にとらわれることなく、様々なことに挑戦をしていく必要があると考えています。挑戦を続けたうえでJ1昇格という目標を達成した時、それは我々の成功であると同時に、どのクラブでも成功できることを証明したと言えるでしょう。Make Value Project も Make Future Project も GRASS ROOTS FARM も決して特別なことではありません。やろうと思えば、どの組織でもできることです。そうした活動を継続して、価値を生み出し、クラブとしての力を高めていきたいです。

「教育」をコンセプトとした新スタジアム計画

水戸ホーリーホックにはサッカー専用スタジアム建設構想という壮大なる夢があります。スタジアム建設については、2019年11月に沼田邦郎社長が記者会見を開き、「チームの夢であるJ1昇格へ向けてホームタウン内に新たなサッカー専用スタジアムを民設民営方式で建設を目指す」と発表しました。

その後、クラブではスタジアム建設に向けて協力会社を選定し、様々な協議を続けていました。しかしながら、2020年春に世界を襲った新型コロナウイルス感染拡大による4ヶ月に渡る公式試合開催中止、再開後の観客動員制限などによりクラブは経営面で大きな打撃を受けたことにより、スタジアム建設は一度歩みを止めざるを得ませんでした。

しかし、いつまでも立ち止まっているわけにはいきません。J1ライセンスを付与され続ける上でも、スタジアム建設構想を前進させなければなりませんし、プロスポーツクラブの大きな役割である地域に愛され、新たな交流人口を生み出し、ホームタウンの未来に夢を生み出すためにもスタジアム建設の推進は必要不可欠だと考えています。したがって、コロナ禍の経営下ながらもプロジェクトを2021年夏に再起動させました。

雲をつかむような当初のスタジアム建設計画も、この2年でかなり具現化してきました。この先、2028年度の竣工に向けての動きをより活発化していくことが我々の使命だと考えています。

そして、以下が2022年10月に発表した新スタジアムのコンセプトです。

①Sports Entertainment 動く、遊ぶ、をエンタメに。

・ホームタウンの来場者向けに、観光、飲食、宿泊、試合を含むパッケージツアーを用意

・Jリーグをきっかけとしたホームタウンの魅力発信

・15000席の球技専用スタジアム

②Wellbeing 日常がより健康に、幸せに。

・試合が無い日も安心安全なオープンスペースの市民開放

・地元の食材が買えるマルシェの開催や、個人商店の小型店舗誘致により賑わい創出

③Education 心と体の成長を支える。

・教育機関の併設、スポーツを実践したい人、スポーツを学び仕事にしたい人向けに施設や講座を提供

・マイナースポーツのプレイヤー向け施設、スポーツ人材育成プログラムなどを併設

なぜ我々が、スタジアムに教育をかけ合わせていこうと考えたのかの前提と背景があります。「人が育ち、クラブが育ち、街が育つ」

人が育っていくためには、我々は3つの場面へのアプローチが有効と考えました。それは「家庭」「学校」「地域」です。

またその中で、多くの時間を過ごす「学校」での時間をどのような人材像を目指し、どのような方々が関われば良いのか？　そこに問いを立てたところからこの構想は始まりました。

地域への想いを持った人材の育成

機能的には複合型スタジアムとして建設することを予定しています。だからこそ、どういった業種と一緒になってスタジアムを作っていくかが非常に重要なのです。いろいろなアイデアを出し合い、様々な業種の人からヒアリングも行ってきました。

そこで改めて気づいたことは、水戸ホーリーホックとして大切にしたいのは人材の「育成」であり、「教育」だということです。これまで伝えてきた通り、水戸は「育成」に力を入れていますし、水戸藩の歴史において「教育」は切っても切り離せません。だからこそ、スタジアムを地域の象徴

的な建造物にするためにも、人材育成のための教育機関を作りたいと考えたんです。

さらに地域の未来を考えた時、優秀な人材を輩出する機関が必要です。地域を作る最小単位は人なので、地域に忠誠心を持った、時代を切り拓き、世の中で活躍できる人材をどれだけ作れるかによって地域の未来は決まります。学習とか、スポーツとか、文化とか、芸術とか、アカデミックな研究とか、あらゆる分野で突出した人間がいろんな業界で活躍しているようにしたいと思っています。そういった方々が財をなした時に地域に還元するような環境を作ることが今後の地方都市には必要になることでしょう。勉強だけでなく、地域のアイデンティティやロイヤリティといった部分を育まれるような機関を作る。それをスタジアムのコンセプトに組み込みます。

目指すのはアメリカのＩＭＧアカデミー。テニスの錦織圭選手が通っていた学校ということで知っている方は多いかもしれません。スポーツの養成学校のようなイメージが強いかもしれませんが、そんなことはないんです。スポーツだけでなく、リーダーシップやライフスキル、人間力を育むようなカリキュラムが組まれており、様々な分野に関して、体系化した教育を行っています。卒業後、スポーツ分野に進む人は稀で、卒業生の数％しかいません。ほとんどの人がビジネスの世界に進み、起業する人も多く、さらに、横のつながりも強いので、将来的に卒業生同士がビジネスで組むようなこともあるそうです。

そんなＩＭＧアカデミーのように、新スタジアムでは特色のある指導を行いながら、地域への忠誠心を持った人材を育てることを目的としています。

水戸市出身の実業家には、株式会社ケーズデンキホールディングスの加藤修一相談役や株式会社アダストリアの福田三千男会長などがいます。その方々は事業に成功した後、様々な形で地域に還元してくれています。ケーズデンキの加藤相談役は水戸ホーリーホックに大きく貢献してくれていますし、アダストリアの福田会長はスポーツだけでなく、水戸芸術館への支援を続けるなど地域の文化財を守ってくれています。地域への思いを持った人材を育てていくこと自体が地方創生のカギを握っている。私はそう考えています。そして、それこそ、スタジアム建設で挑戦したいことなんです。

これまで「教育」をコンセプトとしたスタジアムを建設した前例はありません。そのため、成功のための方法を知っている人もいませんし、正解もないと思っています。だからこそ、自分たちがしっかりビジョンをぶらすことなく突き進んで、いろんな人を巻き込んでいくことが必要なんです。道は険しいかもしれません。でも、壮大なビジョンを描きながら、必ず夢を実現させたいと思っています。

新スタジアム構想は、時代を切り拓き、地域への帰属意識を持った、その地域を背負う人材を育てる仕組みになると考えています。

それがクラブの理念でもある「人が育ち、クラブが育ち、街が育つ」ことに繋がっていくのではと思っています。

special interview DAIZEN MAEDA

前田大然

セルテックFC

プロとして
「やっていける」自信を
手にすることができた水戸は
自分にとって第二の故郷。
いつか水戸に戻ってきたい。

PROFILE
前田大然（まえだ・だいぜん）
1997年10月20日生まれ。大阪府出身。川上FC－山梨学院大付属高－松本山雅FC－水戸ホーリーホック－松本山雅FC－CSマリティモ（ポルトガル）－松本山雅FC－横浜F・マリノス－セルティックFC（スコットランド）。2019年日本代表初選出され、コパ・アメリカ初戦のチリ戦で代表デビュー。日本代表としてFIFAワールドカップカタール2022に出場し、日本のベスト16進出に貢献。決勝トーナメント1回戦のクロアチア戦では先制ゴールを挙げた。

Q FIFAワールドカップカタール2022に日本代表の一員として出場し、クロアチア戦ではゴールを決めました。前田選手にとってどんな大会でしたか？

「直前まで僕がワールドカップのメンバーに選ばれるなんて想像していなかったんです。だから、急にメンバーに選ばれて試合に出たという感覚でした。逆に、僕が一番ビックリしているんじゃないかなという感じですね」

Qワールドカップのピッチに立ってどんな感情が湧いてきましたか？

「ワールドカップに出るまでは、そんなに意識していなかったんですよ。でも、試合に出ると、『また出たい』という気持ちが強くなりました。世界中のサッカー選手がワールドカップに出ることを目標にしている理由が分かりました。いざ出場してみて、ワールドカップのすごさをあらためて感じました」

Q２０１６年に山梨学院大学附属高校から松本山雅に加入し、２０１７年はＪ２の水戸に（期限付き）移籍してプレーしてブレイクしました。それから5年でワールドカップに出

場して、ゴールを決めました。すごいサクセスストーリーですよね。

「水戸もそうですし、松本山雅や横浜F・マリノスも含めて、在籍したチームのおかげでワールドカップのピッチに立つことができたと思っています。特に、あの時、西村卓朗GMが僕を拾ってくれなかったら、2017シーズンはずっと苦しい日々を送っていたと思いますし、東京オリンピックにもワールドカップにも出場できなかったと思うので、本当に感謝しています」

Qあらためて、2017年水戸に移籍した決め手と経緯について教えてください。

「高卒で松本に加入したのですが、1年目はほとんど出場機会を得ることができませんでした。そこで、出場機会を求めて移籍することを考えていたんです。J2の水戸からオファーが届いたものの、当時、松本はJ2だったのですが、そのチームで試合に出られないなら、他のJ2のチームでも出場機会は得られないだろうと考えて、代理人と話してJ3のチームに移籍することも考えました。でも、自分の中で『挑戦したい』という思いが強く、水戸に移籍することを決めました」

Q西村卓朗GMからはどんな声をかけられたのでしょうか？

「卓朗さんは他の選手を見るために、松本の試合の映像をチェックしていたらしいです。そしたら、たまたま出場していた自分のプレーが印象に残って、オファーを出してくれたと聞きました。本当に運命だと感じました」

Q 実際に水戸に加入してみて、チームの雰囲気はいかがでしたか?

「当時はアツマーレが完成していなくて、河川敷のグラウンドで練習していました。選手寮とクラブハウスが一緒になっている施設を使っていて驚きはしましたが、チームは若くていい選手が揃っていました。若手だけでなく、経験のあるベテラン選手もいたので、とても楽しくサッカーすることができました」

Q 36試合出場13得点という結果をどのように受け止めていますか?

「たくさん得点を取れたことはよかったですけど、それ以上に年間通して試合に出られたことが個人的には大きかったと感じています。1年間試合に出続けることによって、こういう時に疲れが出るんだとか、こういう気持ちになるんだとか、いろんなことを経験できました。ゴールという数字より、継続して試合に出られた経験値が自分にとって大きな財産となりました」

Q 水戸時代、意識的に取り組んだことはありますか?

「13点取りましたけど、もっと点を取れるチャンスはありました。それが悔しくて、オフの日も1人でシュート練習することがありました。他の選手を誘って練習したこともありました」

Q得点を決めた嬉しさよりも、得点を逃した時の悔しさの方が強かった?

「その気持ちはどこに行っても、何をしていても、変わらないです。悔しい思いを持ち続けることによって、いかに同じことを繰り返さないようにするかが大事だと思っています。悔しい思いをした後に何をするかということを自分は大切にしています」

Q 水戸で印象に残っている出来事はありますか？

「今でも全部のゴールを覚えていますけど、特に印象に残っているのはプロ初ゴール（vsツエーゲン金沢）と初スタメン（vsレノファ山口）で決めたゴールですね」

Q 初スタメンの試合で、センターラインあたりから爆発的なスピードでマーカーを振り切って決めたゴールは衝撃的でした。「前田大然」を印象付けたゴールだったと思います。

「本来自分はああいうゴールを決めることができるんだということを見せることができたゴールでした。どこのチームに行っても、同じような場面を作れているので、あのゴールこそ僕らしさだという自負があります」

Q 水戸での1シーズンで、自身の中でどんな変化がありましたか？

「『できるんだぞ』というところを周りに見せることができたと思います。そして、僕自身も『やっていける』という自信を持つことができました。そこが一番僕にとって大きな収穫だったと思っています」

Q 前田選手をはじめ、水戸は多くの若手選手が成長して、上のカテゴリーへと羽ば

たいていきます。水戸がそれだけ選手を成長させられる理由は何だと思いますか？

「水戸は若い選手を積極的に起用して活躍させますし、他のチームの若い選手がそういうことを知って、どんどん水戸に来るようになっている印象があります。もちろん絶対に試合に出られるという保証はないですけど、チームとして若い選手を育てたいという方針があると思うので、若い選手が向上心を持って来るんだと思います。そこが他のチームとの違いだと感じます。そして、そういう向上心があり、ポテンシャルの高い選手を西村ＧＭがしっかり選んでいる。西村ＧＭの目がいいんだと思いますよ」

Ｑ 前田選手も当時めちゃくちゃギラギラしてましたよ。

「（笑）。当時の僕はとにかく水戸で結果を出さないとこの先がないという思いだったので、そういう意味でギラギラしていたんだと思います。ギラギラしていたか、自分ではよく分かりませんが、崖っぷちの状況だったこと間違いないです。やるしかなかったんです」

Ｑ 西村卓朗ＧＭは前田選手にとってどんな存在ですか？

「西村ＧＭがあの時自分を拾ってくれたから、今があることは間違いないです。サッカーだけでなく、私生活のことや体づくりのことなど細かく伝えてくれました。サッカーだけやっていてもうまくはいかない。視野を広げることがサッカーにも良い影響をもたらすということを常に言っていました。そこが今まで出会ってきた方との違いだと思っています」

Q 水戸在籍時、西村GMとはよく話をしたのですか？

「サッカーのことはそこまで話しませんでした。プレーについては監督やコーチに任せていたんだと思います。それ以外の部分、食事や睡眠やプライベートの過ごし方

について など、いろんな選手に伝えていましたね」

Qどの選手にとっても、キャリアのスタートは大事だと思います。そういう意味で前田選手はプロ2年目でしたけど、J2の舞台でいいスタートを切ることができました。カテゴリーも大事ですけど、それよりもまずは試合に出て力を示すことが大切ですね。

「もちろん、J1のビッグクラブに入った方が良いという思いは誰もが持っていると思いますし、選手として目指すべきところだとは思います。僕の場合、プロになる前から一つひとつ上ってきたタイプなので、J1とかではなくて、J2の環境の方が良かったのかなという気がしています。そこは選手それぞれで、人によって異なると思います。いかに自分がいる場所でしっかりできるかがすべてだと思っています。僕の場合、良い場所を見つけられたんだという思いがあります」

QJ2からワールドカップへ。前田選手の歩みはいろんな選手に希望を与えたと思います。

「これからも希望を与えたいと思いますし、与えないといけないと思っています」

Qあらためて、前田選手にとって、水戸での1年はどんな時間でしたか?

「自信を手にすることができた1年でした。水戸は第二の故郷だと思っていますし、海外から戻ってきた時には必ず水戸に帰ります。それだけ大切なチームですし、土地なんです。だからこそ、頑張ってもらいたいと思っていますし、上のカテゴリーに行ってほしいと思っています」

Q今後の水戸に期待することは?

「いつも上位に届くような惜しいところまで行っているイメージがあります。惜しいだけでなくて、そこからさらにギアを上げることができれば、J1の舞台に行けると思っています。水戸は若い選手たちも成長するだけが目的ではないと思うんです。J1に行って、J1で戦えるチームになることを目指していると思いますし、そうなってもらいたいと思っています。僕自身もいつか水戸に戻りたいという気持ちがあるので、上の舞台にいてくれたら嬉しいです」

前田大然へ

西村卓朗

まずはワールドカップでの初得点、「おめでとう」と伝えたい。

さらに日本中に熱狂を生み出してくれた。個人的なデキとして、ドイツ戦は満足のいくものではなかったと思うけど、スペイン戦、クロアチア戦に関しては、大然の献身性、そしてゴールを含めて、「らしさ」が非常に出ていた2試合だったと思います。

2022年カタールワールドカップでのFWのレギュラーは大然だったという事実は誰もが認めることでしょう。

日本代表に選ばれることができるのも、ごくわずかな選手なら、ワールドカップに出場ができるのは、さらに一握り。その中で、ワールドカップで得点を記録することができる選手は全世界中でも本当にごく、ごく限られた選手たちだけです。

そこに大然がいたというのは、やはり彼がそのような星の下に生まれた強運を引き寄せられる人なんだと思います。

彼のコメントにもあるように、大然は偶発的なところで発見した選手でした。本当に彼の言うように「運命」だったのかもしれません。

松本山雅のターゲット型のFWの選手を見るために、取り寄せた映像で大然を見つけました。1試合見た後にすぐに、2016年の夏に松本山雅に移籍をした三島康平に電話をして大然のことを聞きました。

プレーの事は映像を見ればわかるので、性格や、サッカーに対する姿勢のことを聞きました。そしてすぐに当時の代理人梶野智さん(現・セレッソ大阪チーム統括部長)に連絡を入れて獲得への可能性を伝えた事をよく覚えています。

彼が水戸へ移籍して、活躍できたことは、いくつかの要素が重なっていたと思います。チーム編成の中で、自分はスピードがある選手を1枚は必ず獲りますが、2016年の在籍選手にはそのタイプが編成上、まだ決まっていなかったこと。

仲介人がクラブでの強化経験のある梶野さんだったこと。

西ヶ谷監督の下、チームの戦い方が、カウンター主体のサッカーだったこと。

FWの相方が林陵平だったこと。

初スタメンでのゴールがインパクトがありすぎたこと(笑)。

最後の要素は彼の実力ですね。

彼の水戸での活躍は、基本的には本人の才能と努力であり、一番は現場の監督を含めたテクニカルスタッフの影響が大きいというのが大前提です。

あえて、自分が関わったことを2つあげるとしたら、次の事になります。

2017シーズン、6節レノファ山口戦でのゴールは今でも忘れられません。

2017年ですが、開幕から5試合を終えて2勝3敗でした。５節の愛媛ＦＣ戦は１－０で勝ったものの、攻撃の推進力が足りないことに対して、監督を含めて、テクニカルスタッフの中ではそこに課題感を持っていました。林陵平と佐藤和弘が2トップ、サイドハーフに湯澤洋介と白井永地、ダブルボランチが橋本晃司と内田航平というメンバーで、ポゼッションを高めてこそ機能する2トップであり、メンバー編成ですが、開幕後そうでない展開が続くことが多い中、強化部長としてもあえて、現場に問いを投げました。

「このメンバーの中で誰が相手のＤＦラインを下げるのか？」と。

現場の中ではその後も色々吟味をしたと思いますが、結果として大然がその次の山口戦で初スタメン、そしてあの初ゴールでした。

6節の初スタメンを飾って以降の37試合、松本との試合は規定上出場ができなかったので、実質35試合中33試合にスタメン出場、途中出場は27節愛媛戦の1試合、メンバー外は24節大分トリニータ戦1試合のみという形で、２０１７シーズンを駆け抜けていきました。

以前大然に対してワールドカップ前にある記者の方からインタビューを受けた時にも同じ事を答えましたが、私が大然にしたことは、彼も答えていますが、技術的なプレー面の事ではなく、多くは彼の強みのフィジカルに対してで、身体作りと、身体のケアーにフォーカスし、かなり細かく、コンディショニングへの意識を植え付けました。

さらに1試合だけメンバー外の大分戦は実は彼をメンバーから外すことをメディカルスタッフと相談の上ではありましたが、現場に対して最後は私が進言しました。実は大分戦に向けた週の中での練習中に中足骨に違和感が出現してました。

6節からスタメンに定着して以降、8節から20節まで13試合負けなしで、すでに7得点を決めていた大然だっただけに、この決定には監督ともかなり議論をしました。

基本的には、次の試合に戻すための判断であるという事を監督には強調して理解をしてもらいました。メディカルスタッフの尽力、外部の治療院との連係によって、無事25節の東京ヴェルディ戦にはスタメンに戻り、1得点をあげ再度軌道に乗せることができたことは、ひとつの分岐点だったのではと今は思います。２０１７年春先の小島（幹敏）の中足骨の骨折が余計に自分を慎重にさせたかもしれません。

大然は非常に身体が丈夫な選手です。しかしながら、フィジカルを売りにする選手が、1度のけがでバランスを崩してしまうことは、往々にしてあるものです。

スタメンでJリーグの高い強度の試合が続くことは10代の選手には当然初めてのことなので、若い選手を扱うクラブにおいては、そのような小さな変化や、予兆を見逃してはいけません。

それにしても、「第二の故郷」とは嬉しいことをいってくれますね。

このようなインタビューを聞いて改めて思いますが、自分だけでなく、当時のチームメイト、テクニカルスタッフ、メディカルスタッフ、主務、副務、フロントスタッフ、の関わりはもちろん、ファン、サポーター、パートナー、地域のみなさんの温かな想いが、大然に水戸への想いを抱かせたのだと思います。

いつかまた水戸の大然の姿を夢に見ながら、これからも彼の活躍を応援したいと改めて思いました。

あとがき

「前後半の勝利を信じて」

10歳で始めたサッカーが私の人生を変えてくれました。

気付けば現在45歳。実に学生を含めた、アマチュア、プロ、引退後と35年間サッカーに関わらせて頂いております。

大好きで、大好きで、大好きだったサッカー。しかし小学生、中学生、高校生と続けてきたサッカーが19歳の時に1度途絶えます。その後浪人生活を経て、再び大学でサッカーができるようになった時の感激は今でも忘れられません。

今思えば、10歳以降、サッカーがすべての学生時代でした。

サッカー人生という言葉で表すのなら、極端な言い方をすれば、私のサッカー人生は19歳の時に1度死んだとも言い換えることができる。

1年間の浪人生活、言うならば臨死体験とも言える期間を経て、その後、幸運にも偶発的にサッカー人生を続けることができました。

20歳以降のサッカー人生は、神様からのご褒美で与えられた時間というような捉え方になり、それゆえに、惜しみながら、惜しみながら時を過ごす癖がついたのかもしれません。

そして、念願のプロサッカー選手になれた時には、本当に天にも昇る気持ちでした。

現役時代は、やっとの想いでたどり着いたプロサッカー選手の時間を続けることが、最大の目的となり、何よりも優先されるもののひとつとなりました。

今の選手たちには「何のためにサッカーをするのか？」と問い続けていますが、もしその当時の自分にそれを、何度問うても、答えはプロサッカー選手としてグランドに立つこと以外、最上位にくるものは何もなかったかもしれません。それが仇となり、身体の痛みを我慢し続けながらピッチに立ち続けた結果、その後遺症が今も残ってしまっています。

それはさておき、それくらい私の中では、ピッチに立つこと、サッカー選手という時間が、神格化された非常に価値あるものとして、サッカー至上主義的な思想で現役時代を過ごしておりました。

事実、晩年は、どんなに悪い環境も、国籍が違う人たちとのサッカーも、安い給料も正直あまり気にならなかった。どうやったら、勝てるのか？　うまくなるのか？　何をするとコンディションが良くなるのか？　どうすればパフォーマンスがあがるのか？　どうすれば……何をすれば……を考え、試し続け、没頭し続けた現役生活でした。

とはいえ、才能というものは残酷でそこまでして打ち込んだ私の現役生活ではありましたが、選手として残せた実績はそこそこで、一言で言えば、「平凡な努力型の選手」というものでした。

現役が終わってしまった時は、その後がすごく不安でした。

生活の不安と言うよりは、目的を見失ってしまい、張りのない毎日になってしまうことへの不安でした。あれだけ、自分を燃やせるものは、この先の人生ではもうないのでは…そんなことを感じていたことを思い出します。

しかしながら、もしその時の自分に今の自分が声をかけられるなら、「引退後も、悪くない。逆に面白く、やり甲斐もあり、いつの間にか現役時代同様、没頭できる時間があったみたいだ」と。

そしてある時からこんな風に思うようになりました。

現役時代は、サッカー人生の前編なんだと。そして引退後がサッカー人生の後編で、（引退後に別業界に進んだ事も含む）最終的には前編、後編合わせて、どんな物語にするのかと。違う表現で言えば、サッカー人生前編は試合で言う前半戦みたいなもので、後編はまさしく後半戦である。つまり現役時代をどんなに華々しく過ごしても、前半戦でどんなに圧勝をしていても、その後の後半戦が残っているのだと。

そして最終的には、前後半トータルスコアで結果（納得）が出るのだと。

だからこそ現役時代（学生時代を含む）にとことんやったということが前提だが、それでも思った結果が出なかったならば、それは必要以上に落胆することはないのではと。だって、勝ち越すチャンスはまだ残っているのだから。

逆に前半戦で、それなりの得点差を持っていたとしても油断は禁物である。

もしそうであるならば、やはり前半戦だけを目的化すべきでないし、前半戦、後半戦を戦い抜く動機がもし見つかるのなら、それはその人が長きに渡って納得した幸せな人生を過ごすことの助けになるのではないか!?

今はとてつもない喜びを感じている。かつて、大好きで、大好きで、大好きだったプロサッカー選手という職業の人たちを側で支えることができるこの仕事に。

とはいえ、選手たちにはやはり充実した前半戦を送って欲しいと願うばかりである。

今はもうひとつやりたい事がある。

経営企画室の市原とは、2018年から仕事をする中で、彼にも何のために仕事をするのかということを問う中で、彼は「スポーツビジネスに関わる人たちの職業価値を高める」ことを目的にして、仕事に没頭している。良い言葉だなと思い、その後自分の目指すもののひとつとなった。選手を辞めて、フロントに入ってみると、本当に多くの人たちのまさしく汗と涙と、血の滲むような努力で舞台は作られているんだなと実感する。

そして、クラブをまさしく直接支援してくださる、スポンサー企業の皆様、チケットを購入してくれるファン、サポーターの皆様、街をあげて盛り上げようとしてくださる行政の皆様、運営をお手伝いしてくださるボランティアの皆様、夢を追いかけるアカデミーの子供たち、そして、その親御さん、本当に多くの方々の想いと行動で成り立っている。

この立場になるとそれを肌で日々実感する。すべては繋がっているのだなと。

そのスポーツビジネスに内側、外側、斜めから、様々な場所から関わる皆様が誇らしく感じ、価値を感じられるような状態にすること、それが私のミッションのひとつになりました。

そして最後にやりたいこととして、これからの時代を切り拓く人材を各地域で創って(育てて)いきたいと今は思っている。

この想いの具現化が、スタジアム構想に込められている。

「人が育ち、クラブが育ち、街が育つ」

人が育っていくためには、3つの場面へのアプローチが有効だ。

それは「家庭」「学校」「地域」である。

多くの時間を過ごす「学校」での時間をどのような人材像を目指し、どのような方々が関われば良いのか?そこに問いを立てたところからこの構想は始まった。

それは9章でも書いた通りである。

先の考え方で言えば、我々「地域総合型クラブ」の立ち位置は文字通り「地域」にあたります。いずれは、「家庭」へのアプローチもしていきたいと考えています。